LA NATURE N'A PAS DE PRIX

Attac

La nature n'a pas de prix

Les méprises de l'économie verte

Ce livre a été rédigé par
Geneviève Azam, Christophe Bonneuil
et Maxime Combes, après échanges avec les membres
de la commission écologie et société, ceux du conseil
scientifique d'Attac France dont Jacques Testart
et Jean-Marie Harribey

ÉDITIONS LES LIENS QUI LIBÈRENT

ISBN : 978-2-918597-71-1

Sommaire

Introduction

Le sommet de la Terre à Rio de Janeiro en juin 2012 a été placé par les Nations unies sous le signe de l'économie verte. Une bonne nouvelle ? Nous avons voulu comprendre le sens de cette économie verte, qui peut de prime abord annoncer un progrès par rapport à l'économie brune, sale, en ouvrant un nouveau cycle, une sorte de New Deal vert salutaire, à l'heure de la crise du capitalisme global. Construire une société qui puisse permettre d'engager une transition vers la justice sociale et la soutenabilité écologique, d'établir un lien de coopération avec les autres êtres vivants et avec la Terre au lieu d'une guerre sans fin, une société qui considère l'économie et la finance comme des sous-systèmes des sociétés et de la biosphère, comme des outils au service des humains et de leurs œuvres collectives, n'est-ce pas ce que nous souhaiterions ?

Habitués désormais aux perversions du langage, à la transformation d'aspirations légitimes en machines de guerre contre les sociétés, à la métamorphose de catastrophes en nouvelles opportunités pour le capitalisme, nous avons voulu voir de plus près.

Nous avons été alertés par la publication, dans le cadre des Nations unies, de nombreux et volumineux rapports focalisés sur l'économie verte. Après les échecs politiques des négociations sur le climat et la biodiversité, après la faillite des *Objectifs du millénaire*, ne resterait-il qu'à changer la couleur de l'économie et à attendre les effets sociaux, écologiques et politiques désirés ?

Nous avons été également alertés par la mobilisation des lobbies industriels et financiers autour de l'économie verte. Appuyés par la pensée économique libérale et néolibérale, ils expliquent que la crise écologique, dans toutes ses dimensions, est due à l'absence de valeur économique et financière donnée à la nature. Pour y remédier, ils proposent d'étendre les droits de propriété et de donner un prix aux fonctions écologiques rendues gratuitement par la nature. L'évaluation économique des « services écosystémiques » devrait permettre de libérer un terrain de jeu pour les fonds financiers en quête de nouveaux placements.

Nous avons été alertés par les projets gigantesques de manipulation technologique de la nature imaginés par quelques apprentis sorciers pour faire face à la crise climatique et à la crise énergétique, transformées en opportunités nouvelles : utilisation des océans, des sols et des forêts pour accélérer la capture du carbone, modification de l'atmosphère pour réduire le rayonnement solaire, capture de la biomasse et biologie de synthèse.

Nous avons été alertés par des mouvements socio-écologiques, qui, partout sur la planète, se trouvent confrontés à des projets économiques et financiers d'extraction massive des ressources, de manipulation de la nature, d'expropriation, au mépris des droits élémentaires et des équilibres des écosystèmes et dans le seul but d'assurer la poursuite du processus capitaliste et de l'expansion à tout prix. Ils s'affrontent à ceux qui projettent d'extraire, partout dans le monde, des gaz et huiles de schiste, de généraliser l'extraction du pétrole des sables bitumineux ou en eau profonde, de promouvoir l'énergie nucléaire, d'accaparer et utiliser la biomasse. Nous sommes alertés et parties prenantes des mouvements qui s'opposent à la transformation de la nature en biens économiques et en produits financiers. Nous sommes de ceux qui, notamment après le forum social mondial de Belem en 2009 et dans le cadre des réseaux pour la justice climatique, luttent pour la récupération des communs.

Nous sommes alertés par la catastophe de Fukushima et par la gestion de ses conséquences. Les maîtres de l'atome voudraient nous convaincre qu'on peut vivre dans les zones contaminées de Fukushima, une vie certes particulière, domestiquée, mais une vie tout de même. Comme s'il ne s'agissait que de gérer les dégâts et de s'y adapter, vaille que vaille. Comme si la vie pouvait être un produit de synthèse, détaché de la nature. Nous avons là un élément de compréhension de ce qui advient ailleurs, sous d'autres formes. La catastrophe de Fukushima, comme les autres catastrophes nucléaires, provoque des effets irréversibles et insidieux. Elle fait des humains non plus des vivants capables de choix collectifs et de liberté, mais des survivants. D'autres bombes produisent déjà leurs effets : dérèglements climatiques, réduction de la biodiversité, crise du modèle énergétique, dévastation des sols, des forêts, des océans, de l'atmosphère et des sources d'eau potable. Saccage des éléments essentiels à la vie, devenus *ressources économiques*. Gérer ces dégâts et s'y adapter devient une entreprise juteuse et une nouvelle opportunité. Une opportunité économique et financière vendue, non sans cynisme, aux populations ayant vécu aux marges du capitalisme, du développement et de la croissance et qui pourraient trouver dans le commerce « libre » des ressources naturelles et des services écosystémiques, les revenus pour un « développement durable ».

Ces destructions, désormais visibles et scientifiquement établies, sont traitées et analysées comme des dégâts seulement environnementaux, des effets collatéraux malheureux d'un modèle qu'il s'agit de faire durer. Le sentiment d'extériorité de nos sociétés vis-à-vis des écosystèmes dans lesquels nous évoluons se trouve ainsi perpétué et renforcé. Selon cette logique, munis de la science et de la technique, nous pourrions nous adapter ou, mieux encore, réparer et modifier cet environnement pour le rendre compatible avec la poursuite du modèle dominant. Et nous le pourrions d'autant plus si nous nous en remettions à la loi *naturelle* de l'économie, en laissant le marché et la finance s'occuper des affaires humaines et maîtriser la nature en la faisant entrer dans les cycles de la production économique. Ce scénario n'est pas une vue de l'esprit. Après deux siècles d'appropriation de la nature, d'extraction massive des ressources pour les incorporer dans le cycle du capital, de pollutions massives, la nature est désormais perçue comme une entreprise productrice de services et doit être gérée comme telle.

Leur économie verte n'est pas seulement ce qui est généralement entendu quand on parle de *greenwashing* ou de capitalisme vert. Elle est une tentative d'intégrer les processus biologiques et les services écosystémiques dans le cycle du capital. Elle procède d'une nouvelle vision des liens entre la nature et les sociétés : la nature n'est plus seulement l'objet mort et passif dans lequel on puise les ressources à l'infini, elle est un objet vivant à incorporer dans le processus productif.

Ce livre analyse ces évolutions depuis la fin de la Deuxième Guerre mondiale, passant en revue les politiques de protection de la nature, de conservation, de développement soutenable, jusqu'à l'économie verte. Les développements récents des négociations internationales y sont situés dans l'histoire du dernier demi-siècle, notamment à travers les sommets de la Terre organisés par les Nations unies : Stockholm 1972, Nairobi 1982, Rio de Janeiro 1992, Johannesurg 2002, Rio de Janeiro 2012. Cette histoire, celle des puissances dominantes, est l'histoire de la promotion d'une croissance économique illimitée, de l'assimilation du progrès et de la civilisation à l'accumulation matérielle, de la domination impérialiste et coloniale et de la sécurisation de l'accès aux ressources, de la globalisation économique et financière, de l'émergence de pays concurrents attisant la compétition mondiale. Mais cette histoire n'est pas univoque. Elle est aussi marquée par la décolonisation et la récupération de certaines ressources, par les aspirations au développement, par l'émergence de mouvements écologistes et l'expression d'une écologie sociale et politique. Enfin cette histoire est marquée par l'intrication d'une crise de la civilisation occidentale et d'une crise du capitalisme et de sa forme néolibérale, qui fait des croyances passées des illusions destructrices. Croissance, développement économique, progrès, qui furent promus comme des objectifs indiscutables pour résumer le sens de l'humanité et de la vie, sont désormais interrogés sur un plan théorique et pratique.

Cette histoire illustre à quel point la domination de la nature, son appropriation, la guerre qui lui est livrée accompagnent et modèlent la domination des humains : propriété agraire et expropriation des paysans, liquidation de l'artisanat, soumission du travail industriel aux exigences du profit et au rythme des machines, droits de propriété sur le vivant, captation et maîtrise de la reproduction de la vie, marchandisation et financiarisation de l'alimentation, extraction frénétique des ressources du sous-sol et dévastation des territoires, des peuples et de leur culture, uniformisation contrainte des modèle de production, de consommation et d'échange, destruction de la diversité sous toutes ses formes. La destruction de la nature ne serait ni atténuée ni davantage supportable si un prix de marché lui était attribué, comme le réclament les partisans de l'économie verte. Ce n'est pas l'absence de prix de marché qu'il faut remédier, mais au contraire donner tout son poids à l'idée enfouie dans la conscience populaire que la nature comme la vie sont tellement essentielles qu'elles « n'ont pas de prix ».

C'est avec la conscience de liens inextricables entre la crise sociale, la crise écologique et la démocratie que nous avons écrit ce livre. L'émergence et la visibilité de mouvements socio-écologistes réveille l'espoir de toucher aux fondements d'un modèle dont les promesses sont fondées sur un saccage toujours plus grand des écosystèmes, des guerres pour l'accaparement des ressources, des désastres sociaux et politiques. Un espoir qui ne pourra s'épanouir et se concrétiser qu'à la condition d'obtenir des engagements politiques des États et des organisations internationales à la hauteur des enjeux.

CHAPITRE 1

Le monde face à la crise écologique globale : géopolitique de l'environnement de 1945 à Rio (1992)

La révolution industrielle et les transformations agricoles ont bouleversé, dès la fin du XVIIIe siècle, les relations entre les sociétés et les écosystèmes. De multiples inquiétudes se sont alors manifestées face aux effets destructeurs de l'industrialisation. Les effets de la déforestation sur le climat ont ainsi été l'objet de nombreuses discussions à la fin du XVIIIe siècle et au cours du siècle suivant. Dans le même temps, l'intérêt pour la nature s'est développé et celle-ci est devenue objet de science. C'est en 1866 que le mot écologie apparaît pour la première fois dans la littérature scientifique, sous la plume de Ernst Haeckel. Soixante ans après, en 1926, Vladimir Vernardsky publie son traité sur la biosphère, qui lui vaut d'être considéré comme le père de l'écologie globale.

Toutefois, la confiance dans le progrès économique, la foi dans les possibilités émancipatrices de la science et de la technique, affirmées à la fin du XIXe siècle, ont relégué ces questions à des cercles restreints, scientifiques notamment.

C'est à la fin de la Seconde Guerre mondiale que l'environnement devient un enjeu géopolitique. La croissance économique enregistre dans les pays industriels de l'Ouest des niveaux jamais atteints et elle est promue comme la condition de la démocratie. La guerre froide et la concurrence entre les blocs vont démultiplier les luttes pour le contrôle des ressources, pendant que la décolonisation avance et que la conscience écologique émerge. À partir de ce contexte, nous pouvons saisir ce qui s'est joué lors des sommets de la Terre organisés par les Nations unies, depuis le premier, à Stockholm en 1972, et ensuite à Rio de Janeiro en 1992.

Géopolitique de l'environnement mondial (1945-1972) [1]

Contrôle des ressources et « rendement soutenu maximal »

Les trois décennies suivant la Seconde Guerre mondiale ont provoqué une accélération inédite des dégradations environnementales. Après 1945, les pays industriels à économie de marché sont engagés sur des chemins d'une croissance économique intensive. Cette période a été fondée sur des régulations publiques et privées capables d'assurer une production et une consommation de masse, et sur la promesse d'un enrichissement matériel infini. Elle a été également fondée sur l'accès à des ressources naturelles abondantes et bon marché. L'objectif de croissance économique, jamais réellement mis en débat, a été considéré comme un

1. Cette section est tirée de Yannick Mahrane, Céline Pessis, Marianna Fenzi et Christophe Bonneuil, « De la nature à la biosphère : l'invention politique de l'environnement global, 1945-1972 », *20e siècle – Revue d'histoire*, 2012/1, n° 113 (sur « L'invention de l'environnement »), p. 127-141.

objectif unanimement partagé, comme une condition pour la prospérité, le progrès, la justice et la démocratie. Les pays industriels de la sphère soviétique, sous d'autres formes, ont poursuivi leur modèle productiviste, accéléré par la concurrence entre les deux blocs et la perspective du rattrapage économique ou du dépassement du bloc de l'Ouest.

Avec un PIB mondial multiplié en volume par 2,5 et des échanges mondiaux quadruplant entre 1950 et 1970[1], la transformation massive des modes de production, d'échange et de consommation a eu un impact sur la biosphère et les ressources mondiales, inégalé dans l'histoire passée de l'humanité. Le basculement vers un système énergétique à dominante pétrolière, largement financé en Europe par le plan Marschall[2], a accru la consommation d'énergie d'un facteur 16 au cours du XXe siècle. Il a favorisé une urbanisation étalée, le règne de l'automobile, une agriculture industrielle mécanisée, fortement capitalistique et énergétiquement déficitaire. L'industrie chimique, héritée de la Deuxième Guerre mondiale, a connu un essor sans précédent. L'activité industrielle et agricole a rejeté déchets et polluants et menacé les équilibres du climat et des écosystèmes. La courbe des émissions de CO_2 dans l'atmosphère est à cet égard très explicite : si elle augmente dès la fin du XVIIIe siècle avec la révolution industrielle et le choix des énergies fossiles en remplacement des énergies préindustrielles (vent, eau, notamment), cette augmentation s'accélère nettement après 1945.

1. Angus Maddison, *L'économie mondiale, 1820-1992,* Paris, OCDE, 1995, p. 243.
2. Timothy Mitchell, *Petrocratia. La démocratie à l'âge du carbone,* Paris, Chercheurs d'ère, 2010.

Les inquiétudes concernant les équilibres des écosystèmes et la gestion des ressources naturelles sont certes anciennes, mais une importante prise de conscience internationale s'amorce dès l'immédiat après-guerre. C'est en 1948, avec le soutien de l'UNESCO, que fut créée l'Union internationale de la protection de la nature (UIPN qui deviendra ensuite l'UICN). Les craintes sont également exprimées dans deux ouvrages retentissants publiés aux États-Unis en 1948 : *Road to Survival* [*La faim du monde*] de William Vogt [1] et *Our Plundered Planet* [*La planète au pillage*] de Fairfield Osborn, traduits et vendus à des millions d'exemplaires dans le monde. Les auteurs analysent les risques liés à la surexploitation de la planète : « Cette autre guerre mondiale [...] est grosse d'un désastre final pire même que celui qui pourrait provenir d'un abus de la bombe atomique [...]. Cette autre guerre, c'est celle de l'homme contre la nature » [2]. Ces publications seront suivies un peu plus tard par le livre de Rachel Carson, *Printemps silencieux* [3] (1962), livre clé du mouvement écologiste.

Même si le terme environnement est encore peu présent dans les politiques publiques [4], la prise de conscience de

1. W. Vogt, *La faim du monde*, Paris, Hachette, 1950.

2. *Ibid.*

3. R. Carson, *Printemps silencieux*, Éditions Wildproject/domaine sauvage, 2009.

4. Notons cependant la création d'une « Environmental Protection Section » au Pentagone, dès 1947. La stratégie militaire fut un lieu clé de la pensée de l'environnement global et du financement des études scientifiques sur les changements environnementaux globaux en vue d'une maîtrise des opérations militaires : régions polaires, fonds sous-marins, espace, etc. *Cf.* Mahrane et al., *op. cit.*, p. 132-133.

l'enjeu global qu'il représente ne se limite plus à des naturalistes et écologues lanceurs d'alerte; elle s'inscrit dans la géopolitique de l'après-guerre pendant laquelle les États-Unis établissent un ordre international confortant leur hégémonie. Il s'agit de faire entrer l'Europe et le Japon dans la société de croissance et d'y asseoir la domination économique idéologique et culturelle des États-Unis. Le plan Marshall a été un des vecteurs essentiels de cette stratégie. Or la croissance économique dans les pays capitalistes, tout comme celle des pays industriels du bloc communiste, repose sur une consommation gigantesque de matières premières fossiles ou non renouvelables, qui rend nécessaire une prise de contrôle et une «rationalisation» de l'exploitation des ressources de la planète.

C'est pourquoi, dès mai 1945 aux États-Unis, le Secrétaire de l'Intérieur écrit à F.D. Roosevelt en ces termes: «Il est essentiel de concrétiser la déclaration de la Charte atlantique, en assurant l'égal accès de toutes les nations aux matières premières du monde, mais aussi [pour cela] d'engager une attaque sans merci contre les prélèvements non nécessaires dans les ressources mondiales [1].» Dans le même esprit, la Conférence scientifique des Nations unies sur l'utilisation et la conservation des ressources naturelles (UNSCCUR), proposée par le président Truman, réunit en 1949 plus de 530 délégués et experts. Par la suite, dans les années 1950, la Commission Paley et le *think tank* Resources for the Future élaborent pour la Maison Blanche, au nom de la sécurité nationale, une politique de ravitaillement américain en matières premières, allant du pétrole du Venezuela

1. Citation extraite de Y. Mahrane et al., *op. cit.*, 2012, p. 131.

jusqu'aux diamants industriels en passant par l'uranium du Congo Belge ou le manganèse indien.

La stratégie états-unienne de sécurisation de l'accès aux ressources du camp occidental conduit à une définition des «prélèvements nécessaires». C'est au nom de cette «nécessité», définie de manière unilatérale, que naît le concept de «rendement soutenu maximal» («*maximum sustained yield*») : ce rendement soutenu exprime la quantité maximale de ressources qui peut être prélevée, compte tenu des capacités de renouvellement des écosystèmes.

Cette notion revêt une grande importance car elle sera reprise dans les années 1980 et à Rio de Janeiro pour le sommet de la Terre de 1992 avec le développement soutenable ou durable. Elle est inscrite dans une histoire longue, héritée de la «rationalisation» de la sylviculture en Europe aux XVIIIe et XIXe siècles, qui a conduit finalement, sous prétexte d'améliorer l'utilisation des forêts, à la spoliation des populations locales, privées par les codes forestiers de leurs droits traditionnels d'usage de la forêt. Une conception économique et technocratique de la durabilité, réduisant la nature à une ressource à exploiter rationnellement, était également déjà mise en avant aux États-Unis au début du XXe siècle par les experts «conservationnistes», forestiers notamment, dans leur lutte contre les défenseurs de la protection de la nature.

Dans le contexte de l'après Deuxième Guerre mondiale, cette logique du *rendement soutenu maximal* assure en réalité la domination américaine et occidentale sur les ressources mondiales et nourrit la course productiviste. En matière de pêche, par exemple, la notion de rendement soutenu maximal, proposée en 1949 par le gouvernement américain, a servi de contre-feu aux velléités de certains pays de limiter l'accès de leurs côtes aux bateaux américains. Elle retardera durablement la prise de conscience d'une surpêche, qui n'adviendra que des décennies plus tard [1]. De même, en matière agricole, tout en intensifiant la production d'oléagineux pour les besoins des pays industriels, l'impératif « écologique » de conservation des sols d'Afrique tropicale a permis aux puissances coloniales d'implanter des mégaprojets de mécanisation agricole, avec le recours à du matériel américain. Ces programmes, tels ceux de la Compagnie générale des oléagineux tropicaux (CGOT) au Sénégal ou le « Groundnutscheme » en Tanzanie alors britannique, se sont révélés quelques années plus tard être de véritables fiascos, tant pour les sols que pour les écosystèmes et les populations [2].

Les dégâts écologiques et les injustices sociales engendrés au nom de ces stratégies de soutenabilité et de durabilité doivent nous tenir en alerte face aux discours du développement soutenable et de l'économie verte, lorsque cette dernière prétend concilier croissance, profits et conservation des écosystèmes par le recours à des mécanismes technocratiques concentrés dans les mains de quelques éco-financiers.

1. Carmel Finley, *All the Fish in the Sea : Maximum Sustainable Yield and the Failure of Fisheries Management*, University of Chicago Press, 2011.

2. Céline Pessis, « Des tracteurs pour l'Afrique? La mécanisation et ses critiques en Afrique tropicale française (1945-1953) », in C. Bonneuil, C. Pessis et S. Topçu (dir.), *Une autre histoire des « Trente Glorieuses », Modernisation, contestations et pollutions dans la France d'après-guerre*, Paris, 2013, à paraître.

L'impact de la guerre froide

Au-delà de la promesse d'abondance pour l'Amérique du Nord, l'Europe de l'Ouest et le Japon et au-delà du contrôle nécessaire des matières premières et ressources naturelles, la stratégie des États-Unis, pendant la guerre froide, était d'éviter le basculement des pays du Sud dans le bloc communiste. C'est en effet le moment où s'amorce une forte croissance démographique dans ces pays en même temps que la marche vers la décolonisation. Ainsi, la *doctrine Truman*, formulée par le président H. Truman en 1949, énonce clairement la stratégie d'endiguement du communisme. Elle définit pour cela quatre piliers, le quatrième étant d'assurer le développement des pays « en retard ». L'opposition entre pays colonisateurs et pays colonisés est remplacée par l'opposition entre pays développés et pays sous-développés, et l'objectif du « monde libre » est d'aider au développement par l'assistance technique [1]. Si cette stratégie nouvelle, énoncée comme mission quasi évangélique, a mis du temps à se concrétiser, elle s'est traduite rapidement par des programmes d'assistance technique et alimentaire, qui annoncent les révolutions vertes à venir dans le domaine de l'agriculture. Les dégâts écologiques et sociaux de ces programmes, longtemps sous-estimés malgré les alertes formulées par des agronomes comme René Dumont [2], sont maintenant largement reconnus.

1. Gilbert Rist, *Le développement. Histoire d'une croyance occidentale*, Paris, Presses de Sciences Po, 1996.

2. René Dumont était un expert du développement, critique de la « révolution verte », tiers-mondiste et premier candidat de l'écologie politique à l'élection présidentielle de 1974.

La lutte entre les États-Unis et l'URSS pour l'hégémonie politique et militaire mondiale les conduit à faire de la planète entière et de l'espace un terrain de manœuvre et d'expérimentation : essais nucléaires, course à la maîtrise de l'espace, expérimentations agricoles et technoscientifiques. La tension Est-Ouest à elle seule a engendré des dizaines de milliers de mètres cubes de déchets nucléaires à longue durée de vie.

Ce terrain de manœuvre, cet environnement, est également étudié en tant que tel. Le Pentagone s'inquiète en effet dès 1947 d'un possible réchauffement climatique qui pourrait favoriser la fonte de la glace polaire et permettre aux navires soviétiques à coque d'acier de traverser plus aisément l'océan Arctique. Il favorise alors l'alliance entre les scientifiques soucieux de conserver les financements gigantesques fournis pendant la guerre et le complexe militaro-industriel. Ainsi fut assuré le développement spectaculaire des sciences de l'environnement physique planétaire (géophysique, climatologie, océanographie...) et des technologies spatiales.

À la fin des années 1960, la stratégie de puissance et la conquête de l'espace culminent avec le drapeau américain planté sur la Lune. Les premières photos de la Terre vue de l'espace font le tour du monde. Elles feront apparaître la fragilité de la planète et sa beauté unique. Mais une fois passée cette première émotion, ces photos renforceront le sentiment d'extériorité et d'étrangeté des sociétés vis-à-vis de cet objet. Les clichés du monde vu du ciel ont repoussé encore la compréhension du lien profond qui unit les sociétés et la Terre, occulté ou nié dans la culture occidentale. Cette extériorité d'un objet, dont les contours sont tracés, saisissables et visibles par l'œil humain, a renforcé l'idéal de maîtrise. Les recherches actuelles en matière de géo-ingénierie, notamment celles qui concernent la manipulation délibérée du climat terrestre pour contrecarrer les effets du réchauffement climatique (envoi d'une immense quantité d'aérosols dans l'atmosphère, ensemencement des océans avec des sulfates de fer, etc.) ou bien encore la biologie synthétique et la production industrielle de biomasse, puisent largement dans les représentations élaborées durant cette période.

Les alertes écologiques

Entre 1945 et le milieu des années 1960, les alertes écologiques sont majoritairement traduites en termes d'usage optimal rationnel des ressources, en termes de stratégie militaire et de contrôle démographique. Les naturalistes et les arguments de type non utilitariste pèsent peu face aux experts du « développement ».

À partir des années 1960, l'émergence du mouvement écologiste et les décolonisations concourent à infléchir le discours institutionnel dominant sur l'environnement mondial : il s'agit maintenant d'affirmer que le développement et la conservation des ressources ne seraient pas contradictoires mais, au contraire, dépendraient l'un de l'autre. Cette nouvelle stratégie fut acceptée par les États devenus indépendants, soucieux de bénéficier de l'aide qui devait conduire au développement. Elle le fut aussi par ceux qui étaient encore colonisés, car cela revenait à leur reconnaître une certaine égalité juridique. Le monde ne se représente plus alors comme un espace politique divisé mais comme un espace économique à disposition de tous, moyennant le rattrapage des pays sous-développés.

Face à l'hégémonie de cette idéologie, de son discours et de ses experts, les acteurs (ONG, scientifiques, agences internationales…), qui auparavant mettaient en avant des raisons morales, scientifiques, éthiques ou esthétiques en faveur de la protection de la nature, osent de moins en moins argumenter en ce sens. L'idée d'une valeur propre, non économique, des écosystèmes, a été emportée par le mirage d'une abondance universelle et de la prospérité, permises par l'extraction massive des ressources. Ces acteurs sont ainsi conduits à incorporer le discours économique dominant, selon lequel les espaces naturels n'ont de valeur qu'en tant que ressources économiques pour le développement et à adopter finalement un point de vue utilitariste. Ainsi, l'Union internationale de la protection de la nature abandonne symboliquement le mot « protection » pour celui de « conservation » en 1956 : l'UIPN devient UICN. Les aspirations au développement des gouvernements du Sud sont par ailleurs instrumentalisées par les lobbies industriels du Nord pour opposer « les pauvres à développer » au mouvement écologiste mondial qui se construit depuis les années 1960. Cette opposition entre les pauvres à développer et les mouvements écologistes se retrouve également dans les mouvements progressistes qui restent convaincus que la croissance, le développement des forces productives, et finalement le capitalisme sont des passages nécessaires pour la prospérité, la justice sociale ou encore la transformation du système.

Les premiers appels à sortir de la logique de « croissance » datent en effet de cette période et inquiètent les industriels : prédiction du pic pétrolier par Hubbert dès les années 1950, « Halte à la croissance » du Club de Rome en 1972, concept de décroissance chez Georgescu-Roegen, critique des contre-productivités et aliénations de la société industrielle notamment chez Ivan Illich, André Gorz, Cornélius Castoriadis et René Dumont. En effet, les travaux scientifiques étayent de plus en plus le constat d'une crise écologique d'importance majeure et d'ampleur planétaire. Créé en 1969 en vue de la Conférence de Stockholm, le Comité scientifique sur les problèmes de l'environnement (SCOPE), rend de multiples rapports. L'accélération du recul des forêts et de la disparition des espèces, l'ampleur des pollutions chimiques, industrielles et urbaines y sont régulièrement pointées. Alors qu'un certain environnementalisme des années 1950 et 1960 tendait à voir dans l'accroissement démographique le principal danger pour la planète, la critique écologiste de la fin des années 1960 remet en cause les modes de production et de consommation au Nord, rendant possibles des convergences entre les mouvements environnementalistes et les mouvements de solidarité internationale. En 1970, un rapport du MIT sur les problèmes de l'environnement lance l'alerte sur le réchauffement global et les pollutions[1]. En 1971, 2200 scientifiques de 23 pays adressent le « message de Menton » au Secrétaire général de l'ONU. Ils analysent la crise écologique comme un danger collectif, sans précédent dans l'histoire humaine : « Il nous faut voir désormais la Terre, qui nous semblait immense, dans son exiguïté. Nous vivons en système clos, totalement dépendants de la Terre et dépendants les uns des autres. »

1. Study of Critical Environmental Problems (SCEP), *Man's Impact on the Global Environment Assessment and Recommendations for Action*, MIT Press, 1970.

C'est dans ce contexte que s'est tenu le Sommet de l'« environnement humain » des Nations unies, à Stockholm, en 1972. Derrière le slogan fédérateur « Nous n'avons qu'une seule terre », il s'agit d'instituer une politique mondiale de l'environnement, sous la forme d'un double compromis : entre la reconnaissance des limites de la planète et la poursuite de la croissance économique, d'une part, entre la montée de l'écologie politique, l'émergence des pays du tiers-monde dans le concert des nations et leur volonté de « développement » et, d'autre part, la défense des intérêts des entreprises et des pays industriels avides de ressources et de marchés. Pour résoudre cette équation conflictuelle, ce n'est pas un écologiste mais un industriel du pétrole, connu pour ses engagements en matière de développement, Maurice Strong, qui a été choisi pour préparer et présider le Sommet. Malgré ces tensions entre le Nord et le Sud, entre « développement » et « environnement », mais aussi entre l'Est et l'Ouest puisque l'Union soviétique et de nombreux pays du bloc communiste ne s'y rendent pas, le sommet accouche d'une déclaration programmatique, sans convention à la clé. Il décide la création d'un nouvel organe au sein de l'ONU, en charge des questions d'environnement, le Programme des Nations unies pour l'environnement (PNUE) dont le siège est à Nairobi.

Il n'en reste pas moins que ce sommet de Stockholm a officialisé une prise de conscience globale, étayée sur de nombreux rapports qui déjà s'accumulaient. Les réponses ont été toutefois inspirées par une vision réparatrice et technicienne de l'écologie, comme nous pouvons le lire dans le rapport final de cette conférence : « Avec le progrès social et l'évolution de la production, de la science et de la technique, l'aptitude de l'homme à améliorer son environnement se renforce chaque jour[1].» Ce sommet a ainsi accrédité l'idée selon laquelle la croissance et le développement qui devraient en résulter, ainsi que la technique, étaient les meilleurs remèdes à la pauvreté et aux problèmes écologiques. Nous sommes là très loin des analyses des «limites de la croissance», relayées en France notamment par René Dumont. Nous sommes loin également de ce moment où Sicco Mansholt, alors vice-président de la Commission européenne, après avoir lu le rapport du MIT, rédigeait en 1972 une lettre ouverte au président de la Commission européenne pour demander de réfléchir à l'arrêt de la croissance. Il écrivait dans les colonnes du *Nouvel Observateur*: «Disons-le carrément : il faut réduire notre croissance économique, pour y substituer la notion d'une autre culture, du bonheur, du bien-être[2].» Il participait dans le même temps à une conférence organisée sur ce sujet par ce journal, avec à la tribune et devant une salle comble: Edmond Maire (CFDT), André Gorz, Herbert Marcuse, Teddy Goldsmith, Philippe Saint-Marc et Edgar Morin. Le temps perdu va devoir être rattrapé.

De Stockholm (1972) à Rio (1992)

Crise et dégâts du productivisme

Dès la fin des années 1960, le capitalisme fordiste s'essouffle dans les pays industriels. Fondé sur un échange

1. www.unep.org/Documents.Multilingual/Default.asp?Document ID=97 & ArticleID = 1503 & l = fr

2. *Nouvel Observateur*, 12-18 juin 1972, cité in Thierry Jacquot, «Naissance de la critique de la croissance», *L'écologiste*, n° 8, octobre 2002.

inégal avec les pays du Sud, sur des politiques keynésiennes et redistributives, sur le couplage entre production de masse et consommation de masse et sur l'intensification du travail, sur l'accès à une énergie fossile abondante et bon marché, le modèle fordiste connaît des soubresauts. Le cercle vertueux de la croissance, selon l'expression consacrée, se rompt et le jeu dit gagnant-gagnant avec la hausse simultanée des profits, des salaires et des ressources de l'État, que la redistribution des gains de productivité a pu un temps conforter, s'interrompt. La crise frappe à la porte d'un monde qui croyait avoir supprimé définitivement ce spectre et être engagé pour l'éternité sur les chemins de la prospérité, sur le sentier de la croissance. Le jeu gagnant-gagnant est enrayé.

On découvre alors les limites de ce modèle et les perdants oubliés : au Sud, les peuples du « tiers-monde » sont spoliés de leurs ressources, ils sont engagés dans des projets de développement industriel qui révèlent leurs limites et accroissent leur dépendance, leur agriculture est sacrifiée ; au Nord, les populations font face aux « dégâts du progrès » sur le travail et sur les conditions de vie. Enfin, la planète, soumise aux assauts du productivisme et des pollutions, se dégrade rapidement, révélant son caractère fini. La planète est malade, écrivait Guy Debord en 1972[1].

Dans les pays industriels, les perdants se sont exprimés dans des luttes sociales qui, dès les années 1960, ne visaient pas seulement un meilleur partage de la richesse. Elles contestaient l'aliénation contenue dans la course à la productivité, la consommation de masse, la déqualification du travail. Les luttes des ouvriers spécialisés (OS), dans

1. Guy Debord, *La planète malade*, Paris, Gallimard, 1972.

l'automobile notamment, alors que cette industrie était la force motrice du capitalisme fordiste, ont fait émerger des revendications illustrant la dégradation des conditions de travail, la perte d'autonomie et de pouvoir des salariés. Les revendications de l'autogestion, de la réduction du temps de travail ont été emblématiques. Si le culte du progrès avait permis de construire un consensus sur les bienfaits de la croissance, les « dégâts du progrès », analysés dans un ouvrage clé de la CFDT[1] et dénoncés par le mouvement écologiste, ont renforcé un mouvement de contestation du paradigme productiviste. L'agriculture industrielle s'est également trouvée sur la sellette. Après une longue lutte, le DDT, miracle chimique s'il en fut, a été interdit aux États-Unis en 1973. C'est en réaction à cette interdiction et à la multiplication des évaluations toxicologiques avant la mise sur le marché des pesticides, que Monsanto se lance dans les recherches sur les OGM, présentés alors comme la solution technologique à la crise énergétique et écologique.

C'est le moment où le capitalisme, face à une tendance à la stagnation des profits et à l'essoufflement du modèle, engage sa mue vers sa forme néolibérale et financière.

Le début des années 1970 marque un tournant pour l'économie et le capitalisme mondial. En 1971, la convertibilité or du dollar est officiellement abandonnée au profit de la mise en place de taux de change flexibles entre les monnaies. Par ailleurs, le premier choc pétrolier de 1973 et la récession mondiale qui a suivi frappent les imaginaires. Les États-Unis ont, semble-t-il, atteint un pic de production interne en

1. CFDT, *Les dégâts du progrès, Les travailleurs face au changement technique*, Paris, Seuil, 1977.

1970. En augmentant brutalement le prix du pétrole, les pays de l'OPEP démontrent qu'il faut compter avec eux et que l'approvisionnement quasi gratuit des pays importateurs est remis en cause. Si le prix réel du pétrole est revenu après 1973 à des niveaux guère plus élevés que vingt-cinq ans plus tôt, ce premier choc pétrolier a changé la donne pétropolitique mondiale. Preuve en est la nécessité pour les pays importateurs de créer l'Agence internationale de l'énergie (AIE) dont le premier objectif, outre celui de gérer la pénurie et répartir les rationnements, visait à s'opposer au pouvoir pris par les pays de l'OPEP. La crise du modèle énergétique et du modèle thermo-industriel, inaugurée avec la première révolution industrielle, devenait patente.

Le modèle de développement américain, environ deux fois plus énergivore que celui de l'Europe, conduit les États-Unis, face au nationalisme arabe (nationalisation du pétrole irakien en 1972) puis à la poussée de l'islamisme (Iran, 1979) à s'engager plus massivement au Moyen-Orient, avec des guerres du pétrole (Irak, 1991). Ces guerres remplacent la guerre froide comme moteur du business de l'armement et vont de pair avec la montée des néoconservateurs dans la politique américaine. Pour assurer la suprématie menacée du dollar et celle de l'économie américaine, le gouvernement Reagan impose au monde des politiques monétaristes. La hausse des taux d'intérêt qui en résulte va démultiplier la dette des pays du Sud. Les plans d'ajustement structurel qui ont suivi ont conduit, pour assurer le remboursement des dettes, à la privatisation et à l'exportation massive des ressources minières, à l'accélération de l'agriculture industrielle, pourtant fortement consommatrice de produits dérivés du pétrole.

L'offensive techno-scientifique

Au plan idéologique, l'idée que les limites de la planète sont une donnée et qu'il puisse y avoir des bornes à l'expansion économique est systématiquement combattue et renvoyée souvent à des références réactionnaires. Économistes, scientifiques établis et businessmen n'ont déjà pas de mots assez durs contre les « prophètes de malheur » écologistes. Le rapport du club de Rome est cloué au pilori, y compris par les économistes « progressistes », pour avoir négligé l'innovation technologique et occulté les solutions techniques à la crise.

De façon plus sophistiquée, la réponse aux critiques écologistes est formulée dans les nouvelles promesses de croissance que permettrait le développement des « services » dans une société « post-industrielle [1] ». Dès la fin des années 1960, les travaux de D. Bell et son ouvrage de 1973, *Vers la société post-industrielle,* inaugurent des réflexions qui s'appuient au niveau empirique sur la croissance forte des services dans les sociétés industrielles, aux États-Unis en particulier. D. Bell y soulignait déjà la subordination progressive des éléments matériels de la production à des éléments de plus en plus immatériels et l'émergence de « technologies de l'intellect ». C'est tout le paradigme de la société industrielle qui, selon lui, se trouve ainsi remis en cause et il va jusqu'à pronostiquer, dans un ouvrage ultérieur, l'avènement de la fin des idéologies. En France, Alain Touraine, avait déjà publié en 1969, *La société post-industrielle, naissance d'une société.* Toujours à partir de la croissance du secteur des services,

1. D. Bell, *The Coming of Post-industrial Society,* 1973, *Vers la société post-industrielle,* Robert Laffont, Paris, 1976.

il analyse l'émergence d'une société nouvelle, centrée sur l'information et la connaissance. Il en souligne pour sa part les potentialités mais aussi les contradictions et les conflits sous-jacents et, en particulier, les risques de confiscation de la démocratie par une « expertocratie ».

Le terme de société post-industrielle s'appuie sur l'incontestable croissance des services. Cette société remplacerait la civilisation mécanique et thermo-industrielle par une « société de l'information » et de « l'ingénierie génétique ». Cette notion donne à penser que le processus de croissance pourrait se poursuivre infiniment sans dommage écologique majeur du fait de la dématérialisation progressive des richesses produites. Illusion largement démentie depuis [1].

L'illusion d'une déconnexion de l'activité économique de sa base matérielle a accompagné l'ouverture de nouveaux champs d'expansion du capitalisme, fondés sur la manipulation des processus biologiques intimes et sur l'investissement dans la communication et l'immatériel. Face au tassement des gains de productivité industrielle survenus dès le milieu des années 1960, la mobilisation de nouvelles sources de profit était nécessaire. Comme l'avait alors perçu Joël de Rosnay, une « nouvelle forme d'esclavage, la domestication des microbes, travailleurs infatigables et dociles [2] » pourrait pallier les limites de la productivité industrielle. De même, les plantes génétiquement modifiées pour fixer l'azote atmosphérique n'auraient plus besoin d'engrais pour

1. Geneviève Azam et Marlyse Pouchol, « La logique économique, la durabilité et l'immatériel », in Blandine Laperche, Anne-Marie Crétiéneau et Dimitri Uzunidis (dir.), *Développement durable : pour une nouvelle économie*, Bruxelles, PIE Peter Lang, 2009.

2. Joël de Rosnay, *Le macroscope*, Paris, Seuil, 1975, p. 177.

pousser et nourrir le monde [1]. Les biotechnologies pourraient aider « à faire fleurir les déserts [2] ». La biomasse remplacerait le pétrole, la révolution informatique dématérialiserait l'économie et ferait décoller la productivité. Forte de telles promesses, une partie des industries pétrolières, pharmaceutiques et agrochimiques a investi dans les biotechnologies, devenues alors un nouveau secteur économique en forte croissance.

Menacés dans leur hégémonie géopolitique et économique (rattrapage de compétitivité du Japon et de l'Europe, défaite au Vietnam, chocs pétroliers), les États-Unis se sont engagés dans une reconversion en profondeur de leur économie. Dans la deuxième moitié des années 1970, ils se sont lancés dans une course à l'innovation autour des biotechnologies et des technologies de l'information et de la communication. Pour assurer des monopoles industriels à leur industrie high-tech, ils mènent une politique agressive en matière de droits de propriété intellectuelle, notamment sur les découvertes scientifiques. Ces nouveaux droits de propriété, sur le vivant, sur la connaissance et sur la culture (brevets, droits d'auteurs, etc.) vont conduire à une appropriation accélérée de ces biens communs.

Ce modèle se diffusera au niveau international, dans le cadre des négociations de l'Uruguay Round, débutées en 1986. Les politiques néolibérales, avec l'injonction du libre-échange et de la construction d'un marché mondial,

1. *Cf.*, par exemple, Kahn, Herman, William Brown, and Leon Martel, *The next 200 years : A scenario for America and the world*, NY : Morrow, 1976, p. 133-134 ; Joël de Rosnay, *Le macroscope, op. cit.*, p. 179-180 et 185-186.

2. *The Economist*, 2 décembre 1978.

gagnent du terrain. Elles aboutiront à la création de l'Organisation mondiale du commerce et à l'Accord sur les droits de propriété industrielle et commerciale (ADPIC) en 1994, et à la légalisation de l'accaparement des communs. Ce mouvement est souvent comparé à celui des enclosures, qui désigne le processus entamé en Angleterre au XIIIe siècle et accéléré à partir du XVIe siècle, transformant la propriété commune de la terre en propriété privée, clôturée, et l'activité agricole en capitalisme agraire. Ce processus, souvent réduit à l'introduction de nouvelles techniques, fut en réalité une véritable guerre sociale conduisant à l'expropriation de milliers de paysans. En ce sens, les années 1980 inaugurent un deuxième mouvement d'enclosure.

L'émergence du développement durable

C'est dans ce contexte particulier des années 1980 [1] qu'a été construite la notion de développement durable. Elle a été précédée, dans les années 1970, de réflexions sur l'écodéveloppement qui était défini comme un processus endogène, orienté vers les besoins, appuyé sur les ressources nationales, et soutenable sur le plan écologique. Cette dernière notion n'a pas été retenue : l'idée d'un développement endogène n'est plus au goût du jour alors que la mondialisation et l'insertion dans le marché mondial s'affirment comme l'alpha et l'omega du développement.

Aux craintes concernant l'épuisement des ressources naturelles formulées dans les années 1970, s'ajoute, dans les années 1980, la conscience des capacités destructives des

1. Attac (sous la direction de J.-M. Harribey), *Le développement a-t-il un avenir?, Pour une société solidaire et économe*, Paris, Mille et Une Nuits, 2004.

activités humaines : l'accident nucléaire de Tchernobyl est arrivé en 1986. En même temps, les pays du Sud s'enfoncent dans une crise provoquée notamment par la chute du cours des matières premières et le creusement de leur dette.

Le rapport Brundtland publié en 1987 par la Commission mondiale pour l'environnement et le développement, créée par l'ONU en 1983, aboutit à la mise en avant du développement durable, comme solution à la crise globale. Ce développement durable s'appuie sur trois piliers : une nouvelle « ère de croissance » pour répondre aux besoins humains, une équité sociale entre générations et à l'intérieur de celles-ci, le respect des écosystèmes. Le rapport insiste sur la nécessité du recours au multilatéralisme pour résoudre les questions internationales. Il exprimait alors un compromis entre les exigences environnementales des mouvements écologistes, la nécessité d'assurer la soutenabilité des activités pour perpétuer l'accès aux ressources, et la lutte contre la pauvreté par le développement économique des pays du Sud et la croissance. Ce compromis s'est avéré insoutenable à la fois sur le plan écologique et sur le plan social, comme nous le développerons dans le prochain chapitre.

Il était toutefois jugé trop écologiste et trop social-démocrate par les néolibéraux : Georges Bush développe ainsi dans sa campagne électorale de 1988 une critique des régulations environnementales publiques et propose de les remplacer par des instruments de marché. Le gouvernement des États-Unis, leader après-guerre pour constituer l'environnement comme enjeu mondial dans une Pax Americana, va agir désormais selon l'idée que « le mode de vie américain n'est pas négociable », selon les propos de Georges Bush à Rio en 1992.

Le sommet de la Terre à Rio de Janeiro permet toutefois le lancement du développement durable. Il a été la plus grande réunion organisée par les Nations unies jusqu'à cette date : 40 000 personnes, 108 chefs d'État et de gouvernement, 172 États représentés. Parallèlement à la conférence des chefs d'État, l'ONU a organisé une conférence de la société civile. Elle regroupait les associations écologistes ou environnementalistes, les organisations non gouvernementales, les associations de solidarité internationale, mais aussi, fait nouveau et fondateur, le monde des affaires, représenté notamment par le *Business Council for Sustainable Development* (BDSD). Cette présence des entreprises sera renforcée dix ans après, au sommet de Johannesburg, qui n'a donné aucun résultat en matière d'engagements internationaux et qui s'est caractérisé par la mise en scène de deux cents partenariats conclus entre les gouvernements et les huit cents entreprises représentées. Le développement durable est alors apparu comme le masque des stratégies de conquête de nouveaux marchés, comme un outil pour faire durer des modèles de développement profondément non durables.

CHAPITRE 2

L'échec des ambitions de Rio-1992

Affirmée puis activement déniée dans les années 1970, l'ampleur de la crise écologique planétaire revient au premier plan de l'actualité mondiale à la fin du xxe siècle : réchauffement global, sixième extinction de la biodiversité, déforestation, tension sur les ressources, épidémie de maladies chroniques liées aux pollutions et aux modes de consommation. Elle s'inscrit dans un cadre géopolitique qui n'est plus celui de l'après-guerre : crise pétrolière, chute du communisme, mondialisation néolibérale, globalisation économique et financière. Dans ce nouveau contexte, les efforts internationaux multilatéraux inscrits dans le Programme des Nations unies pour l'environnement, les nombreuses conventions environnementales internationales promulguées entre 1972 et 1992 se heurtent dans leur application au refus des lobbies économiques de toute réglementation qui permettrait de s'attaquer collectivement et de manière socialement équitable à la crise écologique globale.

Les fondements du sommet de la Terre de Rio en 1992

Durabilité d'un modèle ou durabilité des sociétés et de la planète ?

Alors que la crise écologique devenait de plus en plus apparente et incontestable, le rapport Brundtland issu de la Commission mondiale sur l'environnement et le développement, *Our Commun Future*, était dans le droit fil des stratégies de « conservation pour le développement » analysées dans le précédent chapitre. Il a jeté les bases des négociations du sommet de la Terre à Rio en 1992 [1] et a promu le développement soutenable, *sustainable development*, traduit en français par développement durable.

Les discussions ayant entouré la traduction du terme *sustainable* illustrent les tensions, contradictions ou encore l'oxymore contenu dans la notion de développement durable. Le rapport Brundtland, en effet, était soucieux de concilier développement et durabilité. Pour ce faire, il s'est appuyé sur trois présupposés : le premier fait de la poursuite de la croissance économique la condition nécessaire du développement ; le second conduit à considérer que la durabilité des ressources est assurée grâce aux avancées techno-scientifiques et à l'artificialisation de la nature ; le troisième fait de la pauvreté une menace pour l'environnement. Cette vision a été le pendant, en matière d'environnement, de l'idée social-démocrate selon laquelle la croissance économique est la condition du progrès, de la justice sociale et de la lutte contre la pauvreté.

1. http://www.wikilivres.info/wiki/Rapport_Brundtland

Le concept de développement *durable,* au lieu de *soutenable,* tend à gommer les limites externes du développement qu'aurait pu induire la notion de soutenabilité. Il a renforcé la position de tous ceux qui pensent que la nature, découpée en éléments, peut être infiniment remplacée par du capital technique. Cette substitution du « capital naturel » par du capital technique donne à penser que le processus de production peut se poursuivre à l'infini comme l'expriment les modèles économiques dits « à soutenabilité faible ». Ces modèles sont récusés par tous ceux qui ont promu des modèles à soutenabilité forte : dans ce cas, les ressources naturelles et les autres facteurs de production ne sont pas substituables, mais complémentaires, et la soutenabilité induit l'idée de limites dans l'utilisation des ressources. Ils sont également récusés par ceux qui ont refusé de considérer la nature comme un « capital » et de la réduire à une ressource économique. La notion de développement durable s'est finalement imposée en langue française.

Dans les faits, et au-delà de ces débats initiaux, le développement durable, ou soutenable, a renforcé la croyance en la viabilité du modèle dominant d'organisation économique et sociale ; il a occulté l'impératif d'accumulation infinie dans le cadre du capitalisme et l'impossibilité pour ce modèle d'assurer sa reproduction sans susciter sans cesse de nouveaux besoins, sans programmer l'obsolescence des produits, sans réduire leur durabilité. Le rapport Brundtland a finalement donné un nouveau souffle au concept de développement, sans interroger sa logique et sa réalité.

Le développement durable fondé sur l'équilibre de ses trois piliers – le social, l'écologique, l'économique – a succombé sous le poids sans mesure du pilier économique.

Les ambitions sociales et écologiques ont été balayées par la déferlante néolibérale. La durabilité des sociétés suppose en effet que la sphère économique ne soit pas entendue comme sphère autonome et autoréférente, mais qu'elle soit considérée comme partie d'une sphère sociale et d'une sphère écologique qui la déterminent et la dépassent. Autant de principes niés par le productivisme qui ne peut souffrir de limites à sa logique du «toujours plus», niés par l'idéologie libérale qui s'est au contraire attachée à supprimer les normes et réglementations qui encadraient l'économie.

Les mobilisations pour un développement durable ont été marquées par ces pôles contradictoires. Elles ont, d'une part, servi à redonner des couleurs à un modèle qui, déjà, montrait les signes d'un essoufflement profond. Elles ont abrité, d'autre part, des expériences qui, en se saisissant des exigences de durabilité, ont montré comment le temps du calcul économique et de la rentabilité était contradictoire avec celui de la durabilité des sociétés.

D'un côté, le sommet de la Terre de 1992 a consacré la reconnaissance, revendiquée par les peuples et les gouvernements du Sud, d'une responsabilité historique des pays industriels dans la crise écologique. Il a mis en avant le principe d'une «responsabilité partagée, mais différenciée» des différents États. Le sommet de Rio en 1992 a également promu la souveraineté nationale sur les ressources à l'opposé du droit impérial des puissants à puiser dans le patrimoine commun. Enfin, les droits des peuples indigènes sur leur milieu de vie commencent à être reconnus.

De l'autre côté, ce sommet a, de fait, accrédité l'idée que la croissance et le développement étaient les solutions aux crises environnementales et que la pauvreté constituait une source majeure de dérèglement écologique. Cette thèse sera développée dans les années 1990 avec les travaux de M. Grossman et A. Krueger [1], qui ont voulu montrer de manière empirique que la poursuite de la croissance était nécessaire pour la protection de l'environnement, comme S. Kuznets l'avait fait dans les années 1950 pour établir une relation entre croissance et inégalités sociales. Elle est vivement contestée par certains économistes du développement, Juan Martinez-Alier [2], notamment. Celui-ci montre que la pauvreté n'est pas obligatoirement une menace pour l'environnement et que la préoccupation écologiste n'est pas l'apanage des nations développées à revenus élevés. Il s'appuie pour cela sur les nombreuses luttes socio-environnementales dans les pays du Sud, ce qu'il nomme l'« écologisme des pauvres », caractérisé par des luttes pour préserver les milieux de vie et pour obtenir la reconnaissance des droits d'accès aux biens fondamentaux. Il s'appuie également sur la naissance du mouvement pour la justice environnementale, aux États-Unis notamment. Ces réflexions induisent un autre paradigme, ignoré et opposé à celui qui a inspiré les travaux de ce sommet.

Le poids de l'idéologie et des politiques libérales

Du sommet de Rio en 1992 sont nées plusieurs conventions qui portent, au-delà des bonnes intentions, la marque de ces orientations : la Convention pour la diversité

1. G. Grosmann et A. Krueger, « Economic growth and the Environment », *The Quaterly Journal of Economics*, n° 2, 1995.

2. Juan Martínez-Alier, *The Environmentalism of the Poor, A Study of Ecological Conflicts and Valuation,* Londres, Edward Elgar Pub, 2002. En français, un article consultable sur Internet : « Conflits de distribution écologique, identité et pouvoir.

biologique (CDB), la Convention pour le changement climatique (CCNUCC) et la Convention sur la désertification, dite convention « oubliée ». Ces conventions sont tributaires de l'idéologie qui s'imposait mondialement et qui conférait au marché une efficacité supérieure pour gérer les ressources naturelles. Le modèle de Rio s'est trouvé imprégné de l'idée selon laquelle seuls des biens privés peuvent être correctement entretenus. La sacralisation du marché et de la propriété privée, au nom de l'efficacité économique et écologique, allait de pair avec la dévalorisation du domaine public et des communs.

Un des moments fondateurs de cette rupture idéologique fut la publication de l'article célèbre de Garett Hardin sur la « tragédie des communs » dans la revue *Science* en 1968 [1]. Selon Hardin, qui reprend la loi de population de Malthus, la croissance « naturelle », exponentielle et inexorable de la population dans un monde fini ne saurait trouver de solution technique et exige un réexamen de nos libertés à la lumière de la tragédie des biens communs. Pour Hardin, ces derniers sont en effet menacés de disparition du fait d'une pression démographique trop forte. Les biens communs ne seraient justifiables que dans le cas de faible densité de population. Comme la densité a augmenté, l'idée de libre accès doit être abandonnée car elle a pour conséquence la surexploitation des biens communs et ne peut conduire qu'à la tragédie de leur disparition.

Dans le contexte idéologique du libéralisme renaissant sous la forme néolibérale aux États-Unis, le prolongement de

1. Garett Hardin, « The Tragedy of the Commons ». *Science* 162, n° 3859,1968, 1243-1248.

cet article a conduit à considérer tous les biens communs et leur gestion commune comme sources de la surexploitation. Leur sauvegarde et une gestion efficace ne seraient possibles qu'à condition d'attribuer des droits de propriété privée, dans le cadre d'une écologie de marché.

Selon la théorie économique libérale, le marché, grâce aux signaux et informations donnés par les prix, est le meilleur outil à notre disposition pour affecter les biens, les gérer, atteindre un équilibre économique et par extension un équilibre écologique. Dans cette logique, les déséquilibres écologiques ne tiennent pas à l'incapacité du marché à gérer la nature mais ils témoignent seulement de l'imperfection des marchés. Certaines activités peuvent en effet produire des effets externes, positifs ou négatifs, sur d'autres acteurs ou sur la collectivité, alors que le prix des produits ne comptabilise pas ces effets. Les pollutions, la destruction de la biodiversité, sont ce type d'effets externes négatifs, appelés « externalités négatives ». Ne pas les comptabiliser donne des informations erronées aux producteurs et aux consommateurs car les prix ne reflètent pas le coût total pour la collectivité. Il faut donc améliorer le fonctionnement du marché en internalisant ces effets externes, c'est-à-dire en leur donnant un prix. Ce prix, répercuté dans le prix total des biens, est supposé refléter la totalité des informations nécessaires aux agents économiques pour faire des choix tenant compte de ces effets externes. Leur prise en charge est individualisée par le jeu du marché et des prix relatifs.

Plusieurs voies existent pour donner ce prix : la taxe, imaginée initialement par Arthur Pigou en 1920, et l'instauration de droits de propriété négociables sur un marché.

Depuis les travaux de Pigou, la théorie libérale acceptait l'idée que le marché soit inefficient. L'intervention de l'État était alors jugée nécessaire pour taxer les agents responsables d'externalités négatives et subventionner les agents producteurs d'externalités positives. La taxe et la subvention étaient donc justifiées dans ce cadre théorique. Suite notamment à la publication par l'économiste Ronald Coase d'un article intitulé, *The problem of Social Cost* (1960), cette perspective a été abandonnée et la priorité a été donnée à l'instauration de droits de propriété. Cette approche se fonde sur l'idée que la gestion communautaire ou sociale des biens communs et des ressources communes ou bien l'intervention de l'État modifient la répartition des revenus et l'affectation des ressources de manière arbitraire, et sont source d'inefficacités. Pour que les communs soient gérés efficacement, il faut instaurer des droits de propriété. L'État a désormais pour rôle exclusif de permettre l'attribution de ces droits négociables et de faciliter l'établissement de nouveaux marchés. Cette voie s'oppose donc à l'idée de taxe sur les pollutions et de gestion environnementale par les pouvoirs publics.

Ce courant s'affirme d'abord aux États-Unis à l'âge de la dérégulation reaganienne. Il ouvre la voie aux droits de propriété sur l'atmosphère et à la mise en place des marchés. Permis d'émission de gaz à effets de serre qui seront instaurés par le protocole de Kyoto en 1997. Il justifie et légitime les droits de propriété sur le vivant et l'organisation des marchés de la biodiversité. L'entrée dans la sphère marchande de ces externalités, qu'elles soient liées à la biodiversité ou au climat, nécessite un travail très important de construction institutionnelle. Le premier temps est celui de la normalisation. Comment définir ces « externalités » ? Plus généralement, comment évaluer le « capital naturel », de plus en plus approché en termes de « services écosystémiques » rendus gratuitement par la nature ? Comment transformer en marchandises des objets qui n'en avaient *a priori* aucunement la forme ? Comment séparer des objets pris dans des chaînes de dépendance écologique qui les rendent difficilement séparables ? Normaliser, mesurer, comparer par des prix devient un enjeu de première importance, sur lequel pèsent différents acteurs, issus du monde économique, de la sphère institutionnelle et du domaine scientifique.

La critique de ce paradigme s'exprime très tôt, notamment dans les réseaux internationaux structurés autour de la reconnaissance et de la récupération des biens communs. L'existence de ressources communes, de communs, contrairement à ce que disait Hardin et contrairement à la vision libérale des communs, ne signifie en rien le libre accès et la gabegie. Comme l'a montré Elinor Ostrom [1], les ressources en commun sont en effet gérées par des communautés aux tailles variables, qui fixent des règles écrites ou coutumières pour leur utilisation, afin d'en permettre l'accès aux membres de la communauté et d'en assurer le renouvellement. Ce n'est pas la voie qui a été choisie.

1. Elinor Ostrom, *Gouvernance des biens communs, Pour une nouvelle approche des ressources naturelles*, Cambridge University Press, 1990, Bruxelles, De Boeck, 2010.

Marchandiser pour conserver ?

La biodiversité comme ressource

La Convention sur la diversité biologique (CDB) adoptée à Rio en 1992 se donnait pour objectifs « la conservation de la diversité biologique, l'utilisation durable de ses éléments et le partage juste et équitable des avantages découlant de l'exploitation des ressources génétiques, notamment grâce à un accès satisfaisant aux ressources génétiques et à un transfert approprié des techniques pertinentes… » (CDB, 1992, Art 1.). Cet article indique clairement que la conservation de la biodiversité suppose le partage des revenus liés à son exploitation. Il s'agit donc de conserver la biodiversité par la mise en marché de ses éléments, à savoir les « ressources génétiques ». Si nous partageons l'idée que la biodiversité ne doit pas être conservée comme une pièce de musée, qu'elle doit être utilisée comme elle l'a été depuis des millénaires, autre chose est de parler de son exploitation et de sa mise en marché. Quant à l'accès à ces ressources, accès pour qui et pour quoi faire ?

Au nom de la conservation et de la lutte contre l'extinction des espèces, la biodiversité est instituée comme « ressource » et comme bien économique. Mais cela ne va pas de soi. Cette conversion en effet suppose de réduire la complexité, la diversité et l'intrication des processus écologiques à un stock de briques empilées, à des éléments séparés, découpés, catalogués, clôturés et appropriables. On reconnaît là la logique techno-industrielle et une forme de rationalité qui associent l'efficacité à la réduction du monde concret en éléments simples, de la même manière que le taylorisme a réduit le travail en gestes simples et chronométrables, pour augmenter la productivité.

Cette période est celle de la naissance et de l'expansion des biotechnologies en quête de matière première. Au regard des industries biotechnologiques, telle une machine, le vivant est décomposé en pièces détachées à valoriser : organes, tissus, cellules, gènes, molécules. Selon la méthode réductionniste, il est réduit à des parties fragmentées, séparables et substituables. Il peut ainsi devenir « matière biologique », travaillée par ces industries, et marchandise échangeable. Dépouillé de tout caractère subjectif, de tout attachement à un milieu, une histoire, une culture, il devient une simple ressource, objet économique et objet de droit, en particulier de droits de propriété. En bonne logique libérale, ces nouveaux droits de propriété sont le support de nouveaux marchés censés assurer l'équilibre écologique.

L'appropriation du monde vivant pensé comme « ressource » est confirmée par l'article 16.5 de la Convention qui assure la consécration internationale et effective d'une brevétisation généralisée du vivant. Dans le cadre de la Convention, cette marchandisation doit s'effectuer toutefois en échange de deux concessions, malgré tout largement formelles : la reconnaissance de la souveraineté nationale sur les « ressources biologiques » (Art. 15), satisfait formellement les États du Sud désireux de ne plus voir leur biodiversité pillée par des firmes transnationales, tout comme le partage avec les communautés locales des fruits des « innovations » permises par ces « ressources » (Art. 8j et Art. 15). Vingt ans après, ce gage donné aux communautés indigènes est toujours l'objet de discussions : les règles de partage n'ont été définies qu'à la conférence mondiale sur la biodiversité à Nagoya en 2010 et elles ne sont toujours ni effectives ni satisfaisantes.

L'action publique et les dispositions réglementaires pour sauvegarder la biodiversité se trouvent éclipsées par la promotion de stratégies marchandes. Il en est ainsi, par exemple, des politiques des parcs naturels qui assurent une souveraineté étatique ou régionale sur un habitat, ou encore des politiques relatives à la protection des espèces par des réglementations nationales et des interdictions de commerce pour certains produits comme l'ivoire.

Encadré 1 : le cas de la biodiversité cultivée

Globalement, en matière de biodiversité cultivée, la politique menée depuis les années 1960 par la FAO, le CGIAR (Groupe consultatif pour la recherche agronomique internationale) et la CDB se focalise sur la prospection et la conservation dans des « banques de gènes », de « ressources génétiques », d'espèces cultivées et de leurs cousines sauvages, potentiellement utiles. L'enjeu est de stocker les gènes dans des collections *ex-situ*, pour qu'ils soient à la disposition des sélectionneurs en vue de nouvelles variétés commerciales.

Avant Rio-1992, les ressources génétiques agricoles étaient en effet vues comme un « bien commun de l'humanité » où les firmes pouvaient puiser sans compensation autre que le « progrès » agricole attendu de leurs innovations. Mais depuis la fin des années 1970, certains pays du Sud et certaines ONG ont revendiqué un régime plus équitable au sein de la FAO. Ils ont obtenu le principe d'une souveraineté nationale sur leurs ressources génétiques et celui d'un partage avec les communautés des bénéfices liés à l'utilisation de leurs ressources. Mais ces deux avancées se firent en échange de la reconnaissance internationale du brevet sur le vivant, acceptée par la Convention pour la diversité biologique (1992) et imposée au monde par l'Accord sur les droits de propriété intellectuelle liés au commerce (ADPIC, 1994) de l'Organisation mondiale du commerce (OMC). À l'initiative de sélectionneurs conventionnels soucieux d'un accès gratuit aux ressources, de nombreux pays du Sud et quelques pays du Nord et d'associations soucieuses des intérêts des communautés qui entretiennent la diversité cultivée, la FAO a tenté de défendre une vision moins marchande et plus mutualiste. Ainsi, sous l'égide de cette dernière, le Traité international sur les ressources phyto-génétiques pour l'alimentation et l'agriculture (TIRPAA) a été adopté en 2001. Il accorde, mieux que les autres traités, un rôle politique aux communautés paysannes dans la gestion de la biodiversité cultivée, mais son dispositif multilatéral de partage des avantages peine encore à se concrétiser : seulement quelques centaines de milliers de dollars ont été dégagés à ce jour pour des projets de conservation avec les communautés paysannes !

Le modèle dominant, celui qui bénéficie des millions des fondations privées et de l'essentiel des crédits des centres de recherche issus de la révolution verte, reste donc un modèle de conservation *ex-situ*, c'est-à-dire hors du milieu naturel et sans association des communautés paysannes, dans des banques de gènes, la dernière en date étant celle de Svalbard, dans le grand froid du Spitzberg, financée par la Fondation Bill Gates.

Alors qu'on a prélevé des variétés aux communautés paysannes à titre gratuit depuis des décennies, les variétés commerciales sont protégées et les gènes sont brevetés, au point que le droit des paysans du monde à semer les produits de leur récolte est attaqué par les multinationales et des réglementations sur mesure (*cf.* loi de 2011 sur les semences de ferme en France, ou encore les procès de Monsanto aux agriculteurs qui réutilisent les semences).

La biodiversité dans le commerce mondial

La mise en place de nouveaux droits de propriété intellectuelle dans le domaine du vivant par l'Organisation mondiale du commerce renforce ce processus. L'accord ADPIC (Accord sur les droits de propriété intellectuelle liés au commerce, 1994) consacre au plan mondial la possibilité, initiée aux États-Unis dans années 1980, de breveter le vivant (plantes, animaux, micro-organismes, lignées cellulaires, gènes, séquences d'ADN, molécules, médicaments...). Selon l'article 27-1 de cet accord, « un brevet pourra être obtenu pour toute invention, de produit ou de procédé, dans tous les domaines technologiques, à condition qu'elle soit nouvelle, qu'elle implique une activité inventive et qu'elle soit susceptible d'application industrielle ».

Le vivant est d'emblée concerné puisqu'il s'agit de toute invention dans tous les domaines technologiques. Des précisions sont données avec l'article 27-3 (b) qui stipule que les membres devront prévoir « la protection des variétés végétales par des brevets, par un système *sui generis* (c'est-à-dire par la création de nouveaux droits) efficace ou par une combinaison des deux moyens ».

L'Union européenne, après une longue controverse, s'est convertie finalement à ce régime des brevets, en adoptant la directive 98/44 de 1998 sur le vivant, qui va dans le sens de la législation américaine et internationale. Cette adoption est l'aboutissement d'un processus entamé en 1988, lorsque la Commission européenne a présenté une proposition de « Directive du Parlement européen et du Conseil sur la protection juridique des inventions biotechnologiques ». Conformément au respect constant des pays européens pour la matière vivante comme patrimoine commun, le Parlement européen avait rejeté ce texte à deux reprises en 1995. Après avoir été soumis à des pressions des entreprises transnationales pharmaceutiques et biotechnologiques, il adopte finalement un texte dont l'article 3-2 établit qu'«une matière biologique isolée de son environnement naturel ou produite à l'aide d'un procédé technique peut être l'objet d'une invention, même lorsqu'elle préexistait à l'état naturel». Ce texte, qui confond la découverte d'objets existants et l'invention, fournit la base légale au brevetage du vivant végétal, animal ou humain. L'article 5-2 est plus précis encore : « Un élément isolé du corps humain ou autrement produit par un procédé technique, y compris la séquence ou la séquence partielle d'un gène, peut constituer une invention brevetable, même si la structure de cet élément est identique à celle d'un élément naturel. »

La directive sera finalement transposée en droit français en 2004, après de longs débats parlementaires.

Ces nouveaux droits sont en contradiction avec le Pacte international sur les droits économiques, sociaux et culturels (1966), qui précise :

> 1. « Tous les peuples ont le droit de disposer d'eux-mêmes. En vertu de ce droit, ils déterminent librement leur statut politique et assurent librement leur développement économique, social et culturel. »
> 2. « Pour atteindre leurs fins, tous les peuples peuvent disposer librement de leurs richesses et de leurs ressources naturelles, sans préjudice des obligations qui découlent de la coopération économique internationale, fondée

sur le principe de l'intérêt mutuel, et du droit international. En aucun cas, un peuple ne pourra être privé de ses propres moyens de subsistance. »

Ces droits énoncés dans le Pacte international figurent dans la Convention sur la diversité biologique de Rio. Ils seront renforcés en 2000 par le Protocole de Carthagène sur la biosécurité, dont l'objet est la mise en application du principe de précaution. L'ADPIC enlève ainsi à la Convention sur la biodiversité les quelques précautions qu'elle contenait en matière de souveraineté sur les richesses. En consacrant le libre-échange sur le vivant, l'ADPIC nourrit la biopiraterie et il est un puissant accélérateur de la crise écologique.

La négation de la nature comme res communis

L'avènement de ces droits constitue une rupture qui accompagne le développement des biotechnologies. Désormais, ces dernières ne reposent plus simplement sur l'utilisation de procédés biologiques repérés, mais sur la création de nouveaux produits biologiques, d'une « seconde nature » épurée de ses imperfections. Les sciences de la vie ne sont plus seulement descriptives, grâce au génie génétique, elles sont créatrices. De *res communis,* le vivant devient propriété privée, propriété singulière toutefois, du fait de la nature même du vivant, de sa capacité à se reproduire à l'infini, de manière non programmée et gratuitement. Si la nature globale est encore considérée dans les textes comme *res communis,* le découpage du vivant en éléments simples, selon le principe de division hérité du cartésianisme, permet de faire des éléments du vivant des biens privés et privatifs, recomposés à l'infini. La diversité devient signe d'inefficacité et la voie est ouverte à la standardisation et à l'homogénéisation en vue d'une meilleure productivité : « Réduire un tout organique à des parties fragmentées, séparables et substituables a été la méthode réductionniste pour aller au-delà des limites de la nature [1]. »

Toutefois, si le vivant se trouve effectivement clôturé du fait de la prolifération des brevets, comme le furent les terres communes au moment des enclosures, ces nouveaux droits de propriété ne peuvent être pensés seulement sur le modèle d'une propriété foncière, limitée par des frontières définissant l'intérieur de la propriété et son extérieur. Ils relèvent d'une propriété incorporelle et d'un droit d'exploitation à venir, qui, du fait des caractéristiques propres du vivant, de sa capacité à se reproduire de manière infinie, gratuite et non programmée, étendent la propriété pour contrôler cette reproduction à venir.

Si le vivant n'est plus qu'une ressource biologique privée de sens, alors la nature et la vie sont totalement artificialisées et réifiées. Il fut pourtant pendant longtemps considéré comme non appropriable.

L'échec du modèle

Vingt ans après la Convention de Rio, il apparaît que le modèle réductionniste et marchand d'une conservation de la biodiversité par la marchandisation de ses éléments a échoué.

1. Vandana Shiva, « Réductionnisme et régénération : une crise en science », *in* Maria Mies, Vandana Shiva, *Écoféminisme*, Paris, L'Harmattan, 1998, p. 43.

Il s'agit d'abord d'un échec économique, y compris dans les termes de ses concepteurs. Le « marché de la biodiversité » tant attendu ne s'est pas développé. Les firmes pharmaceutiques et biotechnologiques, hormis quelques contrats initiaux très médiatisés comme celui entre la firme Merck et le Costa Rica, n'ont pas autant investi que prévu dans la bioprospection. Elles comptent plutôt sur le travail de la recherche publique et sur les énormes collections dont elles disposent déjà. Elles misent également sur les biotechnologies – génie génétique et mutagenèse d'insertion, nanobiotechnologies, biologie synthétique – pour innover en laboratoire, sans passer par la case « nature ». Nous y reviendrons car cet échec permet de comprendre le nouveau pas franchi et les nouvelles propositions formulées pour le sommet de Rio + 20, sous le couvert de l'économie verte.

En outre, à force d'étendre et de durcir des droits de propriété sur le vivant, les biotechnologues et les économistes libéraux eux-mêmes s'inquiètent d'une multiplication des brevets qui finit par restreindre et freiner l'innovation. L'efficacité économique des brevets du vivant est discutable : coûts d'accès au marché élevés, coût d'empilement des licences, blocage de certaines recherches. La prolifération des brevets en amont de la connaissance tend à compromettre les innovations à l'aval. C'est la « tragédie de l'anti-commun » qui désigne une situation dans laquelle plusieurs acteurs détiennent des fractions d'une ressource et s'excluent les uns les autres. Un exemple est donné par le riz Golden Rice, riz transgénique enrichi en vitamine A : « Ainsi, la culture du Golden Rice nécessiterait une négociation de licence avec les titulaires (une douzaine) de plus de soixante-dix brevets relevant de cinq champs technologiques complémentaires [1]. »

C'est aussi et surtout un échec du point de vue écologique car cette convention n'a pas permis de ralentir la sixième extinction actuellement en cours, caractérisée par un taux de disparition des espèces mille fois supérieur à la normale. Les logiques industrielles de standardisation, de conservation statique dans des institutions centralisées, sont étrangères à l'évolution permanente du vivant. Les droits de propriété sur le vivant, droit de jouissance, d'exploitation et de commercialisation, engendrent d'ores et déjà de l'irréversible par l'introduction d'espèces génétiquement modifiées, par le piratage des savoirs traditionnels, par la concentration de la recherche sur quelques espèces, par la disparition des systèmes socio-économiques qui s'inscrivent dans cette diversité. Les causes systémiques de l'érosion de la bio-diversité, c'est-à-dire la destruction des habitats naturels et le saccage des savoirs populaires, n'ont pas été enrayées.

Le climat otage de la finance

L'âge de l'anthropocène

La préoccupation de la variabilité du climat à l'échelle des générations humaines, tant dans l'espace que dans le temps, n'est pas nouvelle. L'impact de la déforestation sur

1. Pierre-Benoît Joly, Bertrand Hervieu, « La marchandisation du vivant, Pour une mutualisation des recherches en génomique », p. 17, in *Fururibles*, décembre 2003.

les climats locaux était débattu aux XVIIIe et XIXe siècles : les variations climatiques, sécheresses ou grands froids étaient alors l'objet d'enquêtes et ont conduit à des réglementations de la déforestation. Les réflexions de Charles Fourier sur la détérioration de la planète au début du XIXe siècle ne sont pas seulement visionnaires : elles s'inscrivent dans une préoccupation sociale qui ne s'effacera qu'à la fin du même siècle, lorsque la confiance aveugle dans le progrès et dans la science balaiera ces craintes. Dans les années 1960, l'historien Emmanuel Le Roy Ladurie a mis en évidence la variabilité du climat à l'échelle des générations humaines, mais la reconnaissance scientifique de l'impact des activités humaines sur celui-ci ne s'est constituée que progressivement.

Ce sont les États-Unis qui, engagés dans la guerre froide, ont permis de faire de la connaissance de l'environnement physique de la Terre (globe, océans, atmosphère) un objectif stratégique et ont contribué à développer les « sciences du système-Terre ». Outre la maîtrise du théâtre global des opérations militaires, il était aussi essentiel d'anticiper les niveaux de production agricole du bloc ennemi. Une part importante de l'étude du climat était alors dans les mains des forces armées. Elles y restent encore en partie aujourd'hui, comme le confirme le rapport secret du Pentagone sur le changement climatique, qui date de 2003 et fut rendu public en 2004 dans un article du magazine *Fortune*[1].

Ce champ d'études s'est étendu lorsque les scientifiques militaires occidentaux, en lien avec les chercheurs civils, proposèrent une année géophysique internationale

1. *Rapport secret du Pentagone sur le changement climatique*, Éditions Allia, 2006.

en 1957-1958, à laquelle ont été conviés les chercheurs du bloc soviétique. L'ensemble des disciplines des sciences de la Terre furent ainsi invitées à participer à un programme visant à mieux comprendre le climat et les variations climatiques. Dans ce cadre, le géochimiste américain Charles David Keeling a commencé en 1957 un travail de mesure du taux de gaz carbonique dans l'atmosphère au sommet d'un volcan des îles Hawaï, le Mauna Loa. Ses résultats sonnent l'alerte : la teneur en gaz carbonique était anormale et en augmentation. Une centaine de bornes de mesure installées ensuite dans le monde viendront confirmer son intuition et son travail. À partir de 1956, Claude Lorius [1], glaciologue, participe à une mission d'exploration dans l'Antarctique. Ses travaux et résultats seront exposés à la conférence internationale sur le climat en 1985 à Villach et publiés en 1987 dans la revue *Nature*. L'analyse des carottes prélevées dans les profondeurs des glaces de l'Antarctique révèle que les concentrations de dioxyde de carbone sont de l'ordre de 200 parties par million dans les minima glaciaires, de 280 dans l'interglaciaire actuel, et qu'elles augmentent depuis la révolution industrielle pour dépasser aujourd'hui 380 parties par million. L'humanité est ainsi devenue une force géologique, qui modifie le climat : nous vivons dans l'anthropocène, une nouvelle ère géologique.

Pendant ces mêmes années, les météorologues ont analysé les effets des changements dans l'atmosphère sur les milieux terrestres. L'Organisation météorologique mondiale (OMM), agence de l'ONU créée en 1950, a lancé en 1980 un

1. Claude Lorius, Laurent Carpentier, *Voyage dans l'anthropocène. Cette nouvelle ère dont nous sommes les héros*, Actes Sud, 2010.

grand programme international de recherche interdisciplinaire intitulé, « Programme mondial de recherche sur le climat » (PMRC). Un second programme international, plus centré sur la chimie et la biologie, a été lancé en 1986, le Programme international géosphère et biosphère (PIGB). Les rapports du GIEC, Groupe d'experts intergouvernemental pour l'évolution du climat, créé en 1988, s'appuient notamment sur ces recherches.

Les scientifiques qui travaillent depuis plusieurs décennies sur le climat sont arrivés à la conclusion qu'il existe une probabilité très forte pour que les émissions humaines de gaz à effet de serre modifient le climat. Ils établissent également qu'au-delà d'un certain seuil de réchauffement, des phénomènes d'emballement climatique, non maîtrisables, constituent une menace pour l'avenir des sociétés. Ces seuils pourraient être atteints dans quelques décennies, voire plus rapidement, c'est-à-dire dans des temporalités imaginables à l'échelle humaine. Si on veut assurer la stabilisation du climat, ces résultats ont des conséquences économiques, sociales et politiques très lourdes. Le modèle économique et les systèmes énergétiques hérités du capitalisme industriel doivent être revus et abandonnés. De nombreuses initiatives locales et décentralisées ouvrent la voie. Mais les actions à mener sont d'une dimension telle que les États doivent s'engager pour éviter un emballement climatique. Enfin, des décisions internationales contraignantes et différenciées s'imposent face au défi climatique.

La tentation négationniste

Nul doute que de telles conclusions aient été dérangeantes au moment où s'affirmaient la pensée néolibérale et la croyance en l'autorégulation des systèmes sociaux et naturels. Des études, très souvent financées par le lobby du pétrole, se sont attachées et continuent à nier ce que les scientifiques affirment. Leur objectif est clair, il s'agit d'empêcher ou de réduire les mesures contraignantes qui pourraient être prises par les États, à l'échelle nationale ou dans le cadre de la coopération internationale.

Au moment où le GIEC fut créé, le Global Climate Coalition (GCC) vit le jour, notamment sous l'impulsion d'Exxon. Il regroupe des entreprises comme Shell, Texaco, General Motors, Ford, Daimler Chrysler, British Petroleum, Union Carbide. Ce groupe a fonctionné durant une dizaine d'années, avec pour but essentiel la contestation des rapports scientifiques concernant l'origine anthropique du dérèglement climatique, dans la perspective de bloquer les négociations devant aboutir au protocole de Kyoto. La firme ExxonMobil a nié les dérèglements climatiques eux-mêmes. Elle a trouvé un soutien conséquent dès l'élection du président G.W. Bush, qu'elle a généreusement soutenu pendant sa campagne électorale. Une des premières mesures de l'administration G.W. Bush, en 2001, fut en effet de refuser la ratification du protocole de Kyoto.

Le rapport très documenté de l'Union of Concerned Scientists à propos d'ExxonMobil (UCS, Cambridge, Massachusetts), *Smoke, Mirrors and Hot Air,* est accablant[1]. Selon ce document, entre 1998 et 2005, ExxonMobil a versé 16 millions de dollars à un réseau de 43 organisations spécialisées dans les plaidoyers concernant le réchauffement climatique global. Ainsi Exxon finance le Competitive Enterprise

1. Susan George, 2007, *La pensée enchaînée,* Fayard, Paris.

Institute (2 millions de dollars de 1998 à 2005) et l'Institut Georges C. Marshall, ainsi que le Cato Institute, autant de fondations négationnistes en matière climatique. D'autres fondations, soutenues par ExxonMobil et l'Institut américain du pétrole, financent, publient et diffusent des recherches et des thèses de doctorat. C'est le cas du Annapolis Center for Science Based Public Policy qui a financé, entre autres, la thèse de l'astrophysicienne « négationniste » Sallie Baliunas du Harvard Smithsonian Institute.

Sous la pression de ses actionnaires inquiets des retards en matière de recherche pris par la firme par rapport à ses concurrentes, ExxonMobil investit actuellement dans la recherche pour le stockage du CO_2, dans les agrocarburants et plus globalement dans l'« économie verte ». En jeu, le contrôle de la biomasse, supposée pouvoir remplacer l'extraction du pétrole pour fournir les carburants [1]. Ce qui n'empêche pas cette firme de poursuivre son lobbying pour éviter toutes mesures contraignantes sur le climat et pour permettre, avec tout le lobby pétrolier et par la corruption des décideurs, la poursuite de l'extraction du pétrole à n'importe quel prix. Il en est ainsi des pressions actuelles pour autoriser l'acheminement vers les États-Unis du pétrole extrait des sables bitumineux du Canada, alors que cette extraction peut être considérée comme une catastrophe écologique et sociale majeure. À cet effet, Exxon a créé en 1998 une *task force*, le Global Climate Science Team, qui lui permet de poursuivre son travail de pression auprès de l'administration américaine. De même, depuis 1998, Exxon finance la fondation Frontiers

1. Voir sur ces sujets les différents rapports de ETC Group, et en particulier : *Who will control the Green Economy ?* : www.etcgroup.org

of Freedom, basée à Washington, sur un programme concernant le changement climatique. Cette fondation a été créée en 1995 par le sénateur républicain Malcolm Wallop pour s'opposer aux régulations environnementales. Elle est également financée par des compagnies productrices de tabac et de cigarettes (Philip Morris, Tobacco) et par des compagnies pétrolières. À l'échelle des moyens financiers d'Exxon, ces financements sont peu importants, mais ils ont suffi pour faire reculer la prise de conscience et la coopération internationale nécessaires pour affronter de manière sérieuse le défi du changement climatique.

Prenons maintenant l'exemple de Total. Si sa stratégie est plus subtile, elle conduit toutefois à d'autres formes de déni. Contrairement à ExxonMobil, Total a choisi de mettre en scène le changement climatique. En témoignent ses bonnes actions pour le développement durable et les activités de l'Université Total, conviant de nombreux scientifiques à des conférences sur le changement climatique. En même temps, Total fait partie de l'ERT (Table ronde des industriels européens), puissant lobby industriel auprès de la Commission européenne, dont la tâche est de veiller au grain pour assurer la poursuite de la libéralisation des marchés et la limitation des réglementations. Dans son rapport sur le changement climatique (*Achieving Secure, Competitive and Clean Sustainable Energy*), l'ERT préconise l'auto-réglementation et la mise en œuvre d'« actions positives ». Il s'agit de mesures volontaires prises par l'industrie elle-même. Laissons donc les entreprises et le marché apporter leurs réponses au dérèglement climatique ! Une telle posture est une autre forme de déni de la gravité de la situation et de la nécessité d'un engagement politique pour lutter contre le changement climatique et ses effets.

Malgré ces actions, l'alerte climatique a été entendue. Le sujet est peu à peu sorti du cercle des scientifiques. Il est devenu un sujet politique majeur. Mais à l'ère du néolibéralisme triomphant, ce sujet a été délégué et les industriels, les agents de marketing et les agents financiers s'en sont rapidement emparés.

Le protocole de Kyoto et les marchés du carbone

Le protocole de Kyoto (1997) est un traité international, négocié dans le cadre de la convention sur le climat adoptée à Rio en 1992, et ratifié par les États. Ce protocole peut être salué comme le premier accord international officiellement contraignant visant à réduire les émissions de gaz à effet de serre. Même si les objectifs étaient peu ambitieux et insuffisants par rapport aux recommandations des scientifiques, les pays industriels, dits pays de l'Annexe 1, se sont engagés à diminuer leurs émissions de 5,2 % entre 1990 et 2012. Conformément à la Convention de l'ONU, ce traité reconnaissait que les pays industriels ont contracté une dette historique auprès des autres pays, car la concentration des gaz à effet de serre dans l'atmosphère, qui augmente depuis la révolution industrielle en Europe, est en effet essentiellement due aux émissions des pays industriels : les responsabilités en matière de lutte contre le changement climatique sont communes mais différenciées.

Une telle reconnaissance aurait pu être l'occasion d'enclencher un processus de bifurcation par rapport à un modèle ayant conduit à une crise climatique sans précédent.

Elle contient potentiellement, en effet, une interrogation sur le modèle industriel, sur les systèmes énergétiques, sur les rapports entre le Nord et le Sud. Mais, dans le même temps, ce traité postule la poursuite d'une croissance matérielle infinie, assortie du dogme du libre-échange et de la croyance en la capacité du marché à réguler les sociétés et le climat. Il s'agit bien d'une fuite en avant dans la poursuite du modèle d'accumulation capitaliste, qui ne doit pas être perturbée par la prise en compte de la crise climatique, voire qui doit saisir cette crise comme une nouvelle opportunité. C'est la raison pour laquelle les outils préconisés pour la lutte contre le changement climatique sont résumés dans les « mécanismes de flexibilité » qui ont installé les marchés du carbone, avec leur arsenal de produits dérivés et autres inventions financières. Les États-Unis, même s'ils n'ont pas *in fine* ratifié le traité, et l'Union européenne ont été les artisans majeurs de ces mécanismes. Le marché européen ETS (*Emissions Trading System*) est le premier marché des droits d'émission de CO_2 à fonctionner depuis 2005. Ce marché du carbone comprend deux types d'actifs financiers :

Des droits d'émission

Les droits d'émission sont plafonnés pour chacun des pays de l'Union et ils sont comptabilisés en tonnes équivalent carbone (Tec). Ils sont alloués chaque année à 11 000 unités de production qui représentent 40 % des émissions de l'UE, dans les domaines de l'énergie, de la production et transformation des métaux ferreux, de l'industrie minérale, de la fabrication de pâte à papier, de papier et de carton, les transports aériens devant être inclus en 2013. Les entreprises soumises à des plafonds d'émission échangent ces droits (*cap and trade*) : elles peuvent vendre les droits reçus lorsqu'ils excèdent leurs émissions réelles et elles peuvent acheter les droits dont elles ont besoin pour disposer en fin d'année d'autant de droits que d'émissions réalisées. Le prix qui s'établit sur le marché à partir de ces échanges est donc considéré comme la valeur de la tonne équivalent carbone. Les entreprises peuvent aussi conserver pour l'année suivante le surplus de droits d'émissions.

Les échanges se réalisent principalement sur des marchés spécialisés, principalement l'European Climate Exchange[1]. Il est également possible de vendre ou d'acheter les droits d'émissions de gré à gré, de façon confidentielle entre entreprises, par l'intermédiaire de courtiers. Le marché du carbone a été évalué à 124 milliards de dollars en 2010 (100 en 2008, 70 en 2007, 20 en 2005).

Des crédits d'émissions « évitées »

Les émissions « évitées » correspondent au résultat d'investissements « propres » additionnels réalisés dans les pays d'Europe de l'Est ou dans les pays du Sud. Les mécanismes de flexibilité permettent d'obtenir à cette occasion des certificats de réduction d'émissions. Plutôt que de réduire leurs émissions, les entreprises des pays industriels (annexe I), soumises à des contraintes de réduction, peuvent ainsi obtenir des crédits d'émission qui s'ajoutent à leur quota et leur permettent de respecter le plafond d'émissions qui leur est imposé. Ainsi est mis en place un mécanisme de compensation (offset), justifié par le besoin de flexibilité des entreprises et par le transfert de technologies moins carbonées dans les pays du Sud.

1. http://www.ecx.eu/EUA-Futures

L'outil le plus important est le mécanisme de développement propre (MDP) qui s'applique aux investissements propres des pays industriels dans les pays en développement. Une fois validés comme MDP, les projets réalisés donnent lieu à l'attribution de certificats de réduction d'émission qui peuvent être négociés aussi bien sur le marché européen que sur le marché international. Grâce à ce mécanisme, l'industrie a pu obtenir des droits à bon marché et éviter des coûts trop importants pour réduire ses propres émissions. Le développement des MDP exonère finalement les pays du Nord des investissements domestiques nécessaires.

La possibilité de la compensation carbone, émettre ici et éviter des émissions ailleurs, outre son ineptie écologique, freine considérablement la transition énergétique vers les énergies renouvelables, et par conséquent les gisements d'emplois nouveaux qu'elle pourrait permettre. Ces mécanismes ont retardé les investissements nécessaires dans les technologies peu émettrices, qui auraient pu permettre de les rendre accessibles à l'ensemble des pays de la planète.

Les dangers de la comptabilité carbone

Les marchés du carbone sont fondés sur l'achat et la vente d'une nouvelle marchandise, les droits à émettre du carbone, créés par les gouvernements. Ils s'appuient sur une comptabilité carbone et sur les bilans carbone. La comptabilité carbone en général – et le bilan carbone en particulier – ramène tous les processus physiques dont dépend une activité à des émissions exprimées en équivalent carbone. Cet étalon unique est un dispositif de mesure rendant comparables des biens ou processus qui ne l'étaient pas forcément. Il est à la base des processus de compensation carbone, essentiels dans la mise en place des marchés du carbone.

Le principe sous-jacent de la compensation carbone est qu'une quantité donnée de CO_2 émise dans un lieu peut être « compensée » par la réduction, l'évitement ou la séquestration d'une quantité équivalente de CO_2 en un autre lieu. Ce principe de « neutralité géographique » inspire les mécanismes mis en place par le protocole de Kyoto. Plusieurs études concernant l'utilisation de ce mécanisme ont été réalisées dans le cadre de l'Union européenne (voir encadrés 2, 3, 4).

L'histoire de la compensation carbone est parsemée de catastrophes écologiques et sociales : ainsi, au Panama, la construction de quatre barrages sur des territoires indigènes, à Okhla, en Inde, celle d'un incinérateur au sein d'une zone habitée, ou encore en Indonésie, l'expulsion de paysans pour la production d'huile de palme, ont reçu l'agrément MDP.

Pourtant, le changement climatique est un sujet complexe qui ne peut être réduit à un facteur et à un étalon uniques. La comptabilité carbone découle d'une méthode scientifique réductionniste qui consiste à ramener différents gaz ou différentes ressources à une même unité de mesure. Ainsi les forêts pourront-elles être réduites à la quantité de carbone qu'elles séquestrent. La Banque mondiale a illustré avec des photos un document pédagogique intitulé *Océans de carbone. Le rôle de la Banque mondiale dans les océans et le changement climatique* [1]. Pauvres océans ! C'est une belle

1. http://siteresources.worldbank.org/INTARD/Resources/Key_messages. pdf

démonstration de la carbonisation de la nature, de la culture et des esprits.

La focalisation sur le carbone tend à promouvoir et faire accepter des technologies préoccupantes, supposées peu émettrices : les agrocarburants et la biologie synthétique, la séquestration du carbone et le nucléaire, qui monopolisent d'énormes efforts de recherche. Nous y reviendrons dans le chapitre suivant à propos de l'économie verte. Plus généralement, l'évaluation des sociétés à l'aune d'une mesure physique et du seul bilan carbone est extrêmement réductrice. Les aspects sociaux du changement climatique ne sont pas pris en compte : une tonne de carbone émise par des paysans qui produisent leur subsistance a peu à voir avec une tonne produite par le tourisme international. Pas plus que ne sont prises en compte les interdépendances écologiques qui ne peuvent se mesurer en équivalent CO_2. Une telle approche marginalise d'autres évaluations réalisées à partir de l'empreinte écologique ou bien de l'espace écologique.

L'association internationale *Les Amis de la Terre* a défini l'espace écologique comme la quantité de ressources naturelles et de territoire pouvant être utilisée de manière soutenable, à tous les niveaux, de l'individuel au collectif, du local au global. Cet espace se situe entre un plancher qui correspond au minimum de ressources dont chaque personne doit disposer pour couvrir ses besoins fondamentaux et un plafond, au-delà duquel toute personne ou groupe utilisant une ressource empiète sur l'espace écologique d'autrui et sur celui des générations futures. Les consommations situées sous le plancher et au-dessus du plafond, et les modes de vie qui leur correspondent, sont insoutenables. De ce fait la notion d'espace écologique introduit des règles d'égalité, d'équité et de solidarité au niveau international entre pays du Nord et pays du Sud. Elles ne sont plus fondées sur la recherche de la perpétuation d'un modèle qui fait naufrage mais sur une transition vers des sociétés sobres.

Encadré 2 : Le marché carbone européen n'est pas contraignant

La Commission européenne a indiqué que 137 millions de crédits de compensation carbone ont circulé en 2010 sur le marché européen du carbone[1] ; 60 % de ce total ont été utilisés par le secteur de l'énergie. L'Allemagne, puis l'Espagne et la Pologne ont été les plus grands utilisateurs. La firme polonaise Elektrownia Belchatow est, par exemple, un des plus grands pollueurs en Europe. En 2010, ses émissions vérifiées étaient de 29,66 millions de tonnes de CO_2. Elle a reçu gratuitement 26,93 millions de permis d'émission en 2010 et devait donc réduire ses émissions de 2,73 millions de tonnes pour respecter son plafond. Elle a acheté 4,09 millions de crédits de compensation, moins onéreux, et a utilisé ces crédits bon marché pour retarder la réduction des émissions à la source.

1. http://ec.europa.eu/clima/news/articles/news_2011050201_en.htm

Encadré 3 : Le Mécanisme de développement propre, un véritable effet d'aubaine

Selon un rapport de la Banque mondiale, plus des deux tiers des crédits d'émission fournis dans le cadre du MDP viennent de projets HFC, notamment en Chine et en Inde. De quoi s'agit-il ? Des crédits d'émission peuvent être créés grâce à des projets évitant l'émission du trifluorométhane, gaz produit lors de la fabrication de gaz réfrigérants. La revue *Science* a consacré un article au sujet, montrant les effets d'aubaine fournis par un tel mécanisme : « Les industriels chinois ont reçu 7,4 milliards de dollars de crédits MDP pour prévenir l'échappement dans l'atmosphère d'environ 6 600 tonnes d'un gaz appelé trifluorométhane, un gaz à effet de serre 11 700 fois plus puissant que le CO_2 qui est créé durant la production de réfrigérants. Mais il a été prouvé que la destruction de la même quantité de gaz n'aurait coûté que 157 millions de dollars [1]. »

Encadré 4 : Le MDP, une incitation à produire des gaz à effets de serre !

Un autre exemple, en Inde, est particulièrement instructif [2]. Il s'agit de la firme Chemplast Sanmar qui produit dans le Tamil Nadu des gaz réfrigérants, des solvants industriels, du polychlorure de vinyle pour la fabrication des plastiques. Chemplast a obtenu 10 millions de dollars par an en vendant des certificats de réduction d'émissions à des entreprises américaines

1. www.climos.com/news/articles/californiaemissionsplan.pdf
2. http://www.globalpost.com/dispatch/news/regions/asia-pacific/india/110224/carbon-credits-india-environment)

ou européennes, suite à la réduction d'émissions de HFC-23, sous-produit de la production des gaz réfrigérants. Si bien que Chemplast a gagné deux fois plus d'argent avec les crédits d'émission qu'avec la vente de gaz réfrigérants ! Voilà un aspect inattendu. Ce mécanisme est finalement une incitation à produire ces gaz, dont le processus de fabrication est fortement émetteur de gaz à effet de serre, mais qui lui permettent indirectement d'obtenir des crédits carbone. Est-ce encore un mécanisme de développement propre ? Les habitants de la communauté de Mettur, habitant la région, subissent des problèmes respiratoires graves. Les cancers dus en particulier au polychlorure de vinyle sont en augmentation, tandis que la pollution des nappes phréatiques s'accroît. Peu importe. La firme Cabot's European, qui produit la poudre de carbone pour les cartouches d'imprimantes et pour la fabrication des pneus de Goodyear, a utilisé des centaines de milliers de crédits carbone de Chemplast. Et comble de la rationalité des marchés, Cabot n'achète pas ces crédits d'émission pour satisfaire ses besoins. Moins chers que ceux qui lui ont été attribués dans le cadre des allocations européennes, ces crédits peuvent être revendus de façon profitable.

La commissaire européenne Connie Hedegaard a elle-même qualifié ces projets, qui font de la pollution une juteuse opportunité, de « manque total d'intégrité environnementale ». C'est pourquoi l'Union européenne a finalement décidé de refuser les crédits d'émission fournis pas ces projets MDP concernant la réduction de HFC. Mais cette interdiction a été reportée à la fin 2013, suite à des actions intenses de lobbying de la part de l'IETA (International Emissions Trading Association).

L'échec de la finance carbone

Les résultats obtenus sur le marché du carbone européen illustrent l'échec du modèle de Rio 1992 en matière de changement climatique. Les permis ont été distribués par les États de l'Union gratuitement et très généreusement, alimentant par ce biais une offre très importante. Autant dire que le plafond ne plafonne rien et du coup, les prix se sont effondrés, de 30 euros la tonne en 2005, jusqu'à quelques euros en 2006-2007. Après une remontée, depuis la crise actuelle et le ralentissement de l'activité, le prix de la tonne carbone ne dépasse plus les 10 euros. La production assujettie aux quotas de CO_2 a baissé et de nombreuses entreprises ont vendu leurs quotas superflus, précipitant la chute des cours. Celles qui avaient reçu des dotations supérieures à leurs besoins ont encaissé des profits sans avoir à investir pour réduire leurs émissions et la baisse du prix a incité les entreprises à acheter des droits plutôt qu'à investir pour réduire leurs émissions. En raisonnant selon la logique des marchés, des prix aussi bas ne peuvent pas être réellement incitatifs pour les entreprises, d'autant que leur volatilité empêche toute prévision et tout engagement réel de la part des entreprises. Pour remédier aux effets pervers de la gratuité des droits, une directive européenne d'avril 2009 prévoit que les producteurs d'énergie devront acheter aux enchères leurs droits d'émission dès 2013, tandis que la part payante pour les droits alloués aux autres industries passerait de 20 % en 2013 pour arriver peu à peu à 100 % en 2017. Pourtant un rapport de la Caisse des dépôts et consignations, publié fin 2009, indique la liste des activités industrielles qui continueront à bénéficier de la gratuité à 100 %. Greenpeace France estime pour sa part que plus de 90 % des entreprises européennes sous plafonnement obtiendront en fait leurs droits quasi gratuitement jusqu'en 2020.

Suite à la réduction des émissions de 11,6 % en 2009, après une baisse précédente de 5 % en 2008, la Commission européenne a cru pouvoir déclarer que le système était efficace. En réalité, cette baisse était due à la récession économique et à la baisse de la production d'électricité. Les émissions ont augmenté à nouveau de 3,5 % en 2010 dans l'Union européenne. De surcroît, ces chiffres doivent être complétés et revus par les « émissions délocalisées », celles induites par les importations de produits pour l'investissement ou la consommation. Pour la France, l'INSEE a calculé les émissions induites par la demande finale intérieure. En 2007, elles ont représenté 8,9 tonnes par an et par habitant. Le chiffre de 6,4 tonnes généralement admis ne tient pas compte des émissions chez les partenaires étrangers qui assurent nos importations[1]. Elles représentent 40 % des émissions domestiques, et devraient s'ajouter à notre bilan carbone.

Les émissions du trafic aérien et des vols partant de l'Union européenne ou arrivant dans l'Union seront incluses dans le dispositif. Mais le processus est très lent et le plafond d'émission autorisé est placé à 97 % des émissions de la période 2004-2006, alors que 82 % des permis seront gratuits ; les compagnies pourront utiliser les mécanismes de compensation à hauteur de 15 % en 2012 et 1,5 % ensuite. Une étude du centre Tyndall montre que le prix du carbone devrait atteindre cent euros pour être incitatif pour les compagnies

1. http://www.insee.fr/fr/publications-et-services/default.asp?page=dossiers_web/dev_durable/empreinte_carbone.htm

aériennes. Nous en sommes loin ! Ce qui n'empêche pas ces compagnies, comme British Airways, de négocier en contrepartie de ce nouveau « coût » la diminution d'autres taxes auxquelles elles étaient soumises. Enfin, en se concentrant sur le CO_2, ce système ignore les autres pollutions de l'aviation. C'est un exemple très significatif des limites et perversions de la comptabilité carbone.

Pour ces raisons, le schéma européen du marché du carbone peut-être vu comme un canal de subventions aux entreprises polluantes.

Conclusion

L'échec du modèle de Rio signe également celui du multilatéralisme, miné par les politiques néolibérales qui ont mis la concurrence sociale, fiscale et environnementale au centre des relations internationales. L'ONU et ses agences sont de plus en plus désarmées alors que le pouvoir des firmes transnationales s'accroît parallèlement à celui des institutions financières internationales, FMI et Banque mondiale, sous l'œil bienveillant des États. Au point que ces derniers ont laissé les multinationales de l'eau, parmi lesquelles Véolia et Suez, constituer le Conseil mondial de l'eau, dont le siège est à Marseille. Depuis quinze ans, ce conseil s'est arrogé le rôle d'instance multilatérale pour les négociations internationales. Chaque sommet permet la promotion de mesures et recommandations qui renforcent les stratégies des grands groupes en leur permettant de tirer profit de la crise mondiale de l'eau.

Le protocole de Kyoto a été négocié en période d'euphorie financière, avant la crise financière asiatique (1997-1998), l'écroulement de la bulle Internet (2000) et la débâcle financière actuelle. Ces événements n'ont pourtant rien changé à la philosophie dominante et les négociations climatiques, notamment depuis les sommets de Copenhague, Cancun et Durban, continuent à accorder la priorité à la régulation par les marchés. Le changement climatique est bien une opportunité.

Le protocole de Kyoto est aujourd'hui remis en cause brutalement par les pays industriels, avec à leur tête le Japon, l'Australie, la Russie et les États-Unis, bien que ces derniers ne l'aient jamais ratifié. Ces États refusent l'application d'une responsabilité historique différenciée et rejettent toute contrainte en matière de réduction des émissions. Le poids grandissant de la Banque mondiale dans les négociations illustre parfaitement cette tendance de fond. Tout en finançant les pires projets dévastateurs sur la planète, tels que les grands barrages, les centrales à charbon, les incinérateurs géants, elle est devenue une pièce maîtresse de l'économie du carbone et tente de promouvoir partout les marchés du carbone.

Ces abandons successifs, loin d'être rectifiés, se confirment dans les propositions pour le nouveau sommet de la Terre à Rio de Janeiro en 2012, placé sous le signe de l'« économie verte ».

CHAPITRE 3

Du « développement durable » à l'« économie verte » : les nouveaux habits de la marchandisation de la Terre

L'économie verte se trouve à l'agenda de toutes les conférences internationales depuis plusieurs années. L'OCDE, le secteur privé, les grandes banques, les gouvernements n'ont plus que ce mot à la bouche lorsqu'ils parlent des grands problèmes du climat, de l'eau, de la biodiversité, de l'agriculture. L'ONU en a fait un thème central pour la Conférence internationale Rio + 20 et le rapport du Programme des Nations unies pour l'environnement (PNUE) paru en 2011 en dessine les contours en quelque 600 pages[1]. Pour le PNUE, l'économie verte « est une économie qui entraîne une amélioration du bien-être humain et de l'équité sociale, tout en réduisant de manière significative les risques environnementaux et la pénurie de ressources[2] ». Autant dire que

1. United Nations Environmental Programme (UNEP), *Towards a Green Economy : Pathways to Sustainable Development and Poverty Eradication*, 2011 [www.unep.org/greeneconomy].

2. Synthèse du rapport du PNUE sur l'économie verte, p. 2, www.unep.org/greeneconomy/Portals/88/documents/ger/GER_synthesis_fr. pdf

l'économie verte est présentée comme la solution à la crise globale que nous traversons.

Selon ce nouvel imaginaire, la nature n'est plus seulement un stock de ressources à la disposition des humains, mais une merveilleuse entreprise capable de produire gratuitement et de manière infinie des services écosystémiques : « L'économie verte reconnaît la valeur du capital naturel et l'intérêt d'y investir[1]. » La crise climatique, la crise de la biodiversité fournissent des terrains d'expérimentation à grande échelle, investis par nombre de grandes firmes et de fonds financiers.

Le PNUE appelle à la transition verte et définit son mode de financement : « Les secteurs de la finance et de l'investissement contrôlent des billions de dollars et sont en mesure de fournir l'essentiel du financement nécessaire à la transition verte. Les investisseurs institutionnels à long terme tels que les fonds de pension et les compagnies d'assurances envisagent de plus en plus la possibilité de réduire les risques ESG (environnemental, social et de gouvernance) par la constitution de portefeuilles verts[2]. » C'est ce que nous appelons la financiarisation de la nature.

Les dessous de l'économie verte

Après les promesses passées de la croissance et du « développement », des technologies de la communication et des biotechnologies, du développement durable, de l'économie internet et de l'économie de la connaissance, l'« économie verte » est désormais le nouvel horizon, le nouveau projet,

1. *Ibid*, p. 6.
2. *Ibid*, p. 34.

la nouvelle frontière, supposée capable de résoudre la crise écologique et la crise sociale. De surcroît, les plus pauvres des pays du Sud pourraient se développer grâce à l'exploitation du « capital naturel » dont ils disposent en quantité. Promouvoir l'économie verte semble sonner juste tant la Terre et les sociétés étouffent sous la pollution de l'économie brune.

Pourtant, les textes de l'OCDE, du PNUD ou de la Banque mondiale nous racontent bien autre chose. Le concept de développement soutenable ou durable, mis en avant à la conférence de Rio en 1992, voulait exprimer un compromis entre les exigences écologiques de durabilité et celles du développement. Même si ce compromis s'est avéré insoutenable, il devait toutefois engager les sphères économiques, sociales et politiques. Au contraire de ce tripode, le discours dominant de l'économie verte actuel fait disparaître le pôle social et la nécessité de choix politiques d'envergure. Se restreindre à l'économie verte, comme le fait le rapport du PNUE, consacre en effet le réductionnisme économiste en soumettant la réalisation des choix sociaux, écologiques et politiques à l'efficience économique. Il exprime un renoncement final à placer la justice sociale et la durabilité au-dessus des logiques économiques de rentabilité.

Cette économie, ce capitalisme vert, est déjà à l'œuvre. Agrocarburants, marchés du carbone, brevets sur le vivant, libéralisation du commerce des biens et services environnementaux, accaparement des communs naturels, financiarisation des ressources naturelles dessinent depuis une trentaine d'années une nouvelle phase du capitalisme. Mais il s'agit là encore, si on peut dire, de la phase artisanale de l'économie verte. Celle-ci, en effet, est plus qu'un verdissement du capitalisme :

c'est la conquête du «capital naturel», son inclusion dans le cycle du capital, non pas seulement comme stock dans lequel puiser sans limite, mais comme flux producteur de services.

La nature comme stock de ressources

La promotion actuelle de l'économie verte et son inscription dans l'agenda des Nations unies tiennent pour une part à l'arrivée aux limites d'un modèle fondé sur l'extraction sans limite des ressources naturelles. La croissance économique ne concerne plus seulement le club des vieux pays industriels, où elle est très ralentie mais où la consommation de ressources naturelles est très forte. La demande des pays émergents, Chine, Brésil, Inde, exerce une pression inédite sur les stocks. Dans ce contexte, l'économie verte est convoquée pour assurer une gestion rationnelle des ressources.

Cette gestion est fondée sur le postulat de la rareté des ressources. Il est nécessaire de regarder d'un peu plus près ce que signifie cette rareté. On pourrait être tenté en effet d'y voir une première réflexion écologiste sur l'épuisement des ressources naturelles et la nécessité de prendre en compte les limites à la poursuite de l'expansion économique. En réalité, l'hypothèse de rareté, dans les modèles économiques qui inspirent l'économie verte, est tout autre. Elle va de pair avec la représentation d'un *homo œconomicus* qui doit faire face à des besoins *a priori* illimités : pour les satisfaire, il doit produire et travailler. C'est pourquoi la rareté économique ne porte pas tant sur les limites des matières premières que sur la nécessité et l'obligation de les transformer par le travail et le capital technique. Elle n'est pas une rareté physique mais le résultat de celle des facteurs – machines et travail humain – nécessaires à la transformation de ces ressources et à leur mise à disposition pour les humains. Cette rareté-là ne suggère pas de prendre soin et d'économiser la nature ; elle suggère au contraire de la faire produire au maximum, de la pressurer pour assurer la prospérité matérielle universelle. Tel est bien le projet de l'économie verte : « Le verdissement non seulement entraîne une augmentation de la richesse, en particulier un gain de biens environnementaux communs, mais génère aussi un taux plus élevé de croissance du PIB, mesure classique de la performance économique [1]. »

La durabilité est censée être la caractéristique de l'économie verte, dans le cadre du développement durable ; elle s'oppose pourtant à la conception du temps généralement admise dans les modèles économiques dont elle est issue. Les modèles économiques néoclassiques sont en effet construits sur une conception statique et mécaniste du temps, d'inspiration newtonienne. La loi de la gravitation universelle découverte par Newton en 1687, qui organise l'univers et en assure l'équilibre selon un principe d'autorégulation, aboutit à considérer que les perturbations sont suivies de retours automatiques à l'équilibre. Le temps est donc finalement réversible. Dans ces conditions, les irréversibilités ne peuvent être que passagères. C'est pourquoi, l'économie verte, qui emprunte les canons revisités de la pensée économique standard, ne peut penser la durabilité, les irréversibilités durables voire définitives. La seule réponse à ces pertes est leur remplacement par des procédés techniques supposés s'y substituer.

Concernant les ressources naturelles, dont le stock est connu et limité, il s'agit d'optimiser leur utilisation. Au fur

1. *Ibid*, p. 5.

et à mesure que les réserves s'épuisent, les prix doivent augmenter, engendrant une baisse de la demande et des incitations fortes et de plus en plus rentables pour rechercher des ressources de substitution et développer de nouvelles technologies. Le capital naturel en voie d'épuisement dont le prix s'élève fatalement est remplacé par du capital technique. Grâce au progrès technique, la croissance, verte maintenant, peut donc se poursuivre infiniment.

L'économie verte se construit sur fonds d'épuisement du pétrole conventionnel, de tensions très fortes sur les stocks de ressources non renouvelables du fait de l'explosion de la demande, sur fonds de changement climatique et de pollutions globales. Le soubassement biophysique de la production, la nature, longtemps ignoré, est désormais pris en compte. Mais au lieu d'apparaître comme une limite indépassable de l'activité productive à grande échelle, il est inséré dans le processus économique, comme capital.

L'exemple le plus évident est celui des agrocarburants et de leur substitution au pétrole. Un rapport de la Banque mondiale en 2010 a dénombré 464 projets couvrant au moins 46,6 millions d'hectares, avec de nombreux exemples en Afrique subsaharienne. Ce document montre que 21 % des projets d'acquisition des terres sont motivés par les agrocarburants et ce qu'on appelle désormais les « champs pétrolifères [1] ». Le rapport passe cependant sous silence le fait que la Banque mondiale est largement engagée dans ces transactions, par son incitation à la privatisation de droits fonciers et à la construction d'un marché de la terre, opposé aux droits

1. http://siteresources.worldbank.org/INTARD/Resources/ESW_Sept7_final_final. pdf

des populations. La course au gaz et huiles de schistes dans le monde relève de la même logique. Mais nous le verrons, ce ne sont là que les prémices de l'économie verte.

Les rapports de l'ONU ou de l'OCDE s'affrontent bien sûr à la question du passage à la société post-pétrole et post-énergie fossile. Mais, selon ces rapports, cette transition devrait se réaliser sans remettre en cause les modèles induits par l'utilisation de ces énergies, par simple substitution d'une énergie à une autre. Il s'agit là d'un biais techniciste qui réduit le « vert » de l'économie verte à des technologies nouvelles censées nettoyer le modèle de ses pollutions malheureuses et qui anéantit toute approche politique. Or, le pétrole n'est pas seulement une source d'énergie. L'organisation technique, économique et politique du secteur pétrolier a radicalement modifié les sociétés, leurs équilibres et leurs activités. Comme l'écrit T. Mitchell, « la disponibilité et l'abondance du pétrole permirent à l'économie et à la croissance de devenir le nouvel objet politique du milieu du XXe siècle [1] ». Ivan Illich l'avait dit autrement, lui qui écrivait en 1973 : « Pour que les rapports sociaux soient placés sous le signe de l'équité, il faut qu'une société limite d'elle-même la consommation d'énergie de ses plus puissants citoyens [2]. » Au-delà d'un certain seuil, il montre comment la consommation d'énergie augmente aux dépens de l'équité.

1. T. Mitchell, *Petrocracia. La démocratie à l'âge du pétrole*, p. 89, coll. Chercheurs d'ère, Éditions Ère, Paris, 2011.

2. Ivan Illich, *Énergie et équité* [1973], in *Œuvres complètes*, vol. 1, Paris. Fayard, 2004.

Économie verte et croissance verte

Les rapports sur l'économie verte entretiennent en effet l'illusion de la possibilité d'un découplage[1] entre l'augmentation de la production, la croissance, et la pression sur les ressources : « On constate depuis peu une tendance modérée à un découplage relatif à long terme en réponse à la pénurie et à la hausse du prix des intrants. Mais le défi principal de la transition vers un monde confronté aux contraintes nées de la pénurie de ressources et de la nécessaire limitation des émissions de carbone consiste à découpler totalement la croissance de l'utilisation intensive des matières premières et de l'énergie[2]. » Il s'agirait donc de faire plus avec moins de ressources. Que le découplage soit nécessaire est une chose entendue, et nous savons que, déjà, les intensités énergétiques par unité produite ont baissé de manière très significative pendant les dernières décennies, notamment dans les pays de l'OCDE. Il en est de même pour les intensités d'émission de carbone par unité produite. Et pourtant, les émissions totales continuent à augmenter ainsi que le volume global de la consommation énergétique. C'est l'effet rebond, déjà mis en évidence au XIXe siècle par l'économiste S. Jevons, après avoir observé que l'amélioration de l'efficacité technologique dans l'utilisation du charbon avait paradoxalement engendré une augmentation globale de l'utilisation de la ressource. Les économies réalisées dans une unité sont annulées par l'augmentation du volume de production qu'elles autorisent. Il en est de même pour la consommation : les économies réalisées

1. Sur ce sujet, voir Tim Jackson, *Prospérité sans croissance*, Bruxelles, De Boeck Éditions, 2010.

2. Synthèse du rapport du PNUE sur l'économie verte, *ibid*, p. 15.

dans un domaine peuvent permettre, si l'accroissement reste le but, de plus grandes dépenses dans d'autres domaines.

Dans l'Union européenne, la croissance verte est souvent associée au passage à l'économie de la connaissance et au développement des services. La stratégie de Lisbonne ne consistait-elle pas à faire de l'Union la zone la plus compétitive en la matière ? De tels arguments sont aujourd'hui balayés. Ils le sont par le fait que l'économie immatérielle ne peut pas se développer sans une base matérielle, souvent très consommatrice d'énergie. La communication et l'information passent par la généralisation de l'utilisation des ordinateurs, en elle-même non soutenable. « Un ordinateur de bureau standard "pèse", pour sa production et son transport, 1,3 tonne de CO_2. Dans un monde durable, les émissions par personne et par an ne devraient pas dépasser 1,7 à 1,8 tonne de CO_2 (et 1,2 tonne en 2050, s'il y a 9 milliards d'humains). Un seul ordinateur, sans compter l'énergie dépensée pour son fonctionnement, "consomme" déjà les trois-quarts des "droits de tirage" annuels actuels par personne. Le modèle actuel de croissance de l'industrie informatique, basé sur une augmentation permanente des performances et une obsolescence ultra-rapide des produits, n'est pas soutenable[1]. » Ils sont également réfutés par la crise économique dans une Europe qui, sans abandonner ses choix productivistes, s'est désindustrialisée à force d'avoir promu la concurrence, le libre-échange international et la marchandisation de la connaissance.

1. Thomas Coutrot, Jean Gadrey, « La croissance verte en question », ETUI Policy Brief, *Politiques économiques, sociales et de l'emploi en Europe*, n° 3, 2012.

C'est pourquoi, découpler la production de la pression sur les ressources signifie une transition vers des sociétés sobres, non orientées vers la croissance infinie de la production, y compris de la production verte. C'est cette transition qui permettra de retrouver à la fois la création d'emplois, la qualité et la dignité du travail.

La multiplication des études allant en ce sens n'a pas empêché la Banque mondiale, le PNUE, l'OCDE et le Global Green Growth Institute de lancer une *Plateforme de connaissances sur la croissance verte* en janvier 2012 à Mexico, dont le but est d'intensifier les efforts pour « préserver le capital naturel et réduire la pollution » grâce à la croissance. Il s'agit pour cela de développer les synergies entre économie et environnement. Nous touchons là au plus profond de l'économie verte et aux confusions qui l'entourent. Elle se veut en effet une bioéconomie, rompant avec la tradition d'une séparation entre l'économie et son soubassement naturel. Les synergies doivent permettre l'inclusion de la nature dans le cycle de l'économie. Elle s'oppose en cela aux courants de pensée se revendiquant d'une bioéconomie, entendue au contraire comme l'inclusion de l'économie dans un ensemble plus vaste, la biosphère, qui la dépasse et la contraint [1].

La nature comme flux de services écosystémiques

La nouveauté fondamentale du projet d'économie verte concerne les services écosystémiques. Il s'agit là du contrôle des grands cycles écologiques, du carbone, de l'eau, de la

1. René Passet, *Les grandes représentations du monde et de l'économie*, Les Liens qui Libèrent, Paris, 2010.

biodiversité. La nature n'est plus considérée seulement comme un stock de « ressources biologiques », selon la formulation de la Convention sur la diversité biologique de 1992, mais comme un objet vivant, capable de reproduire à l'infini les conditions de la vie sur la Terre, notamment la captation du carbone ou encore la production de carbone végétal. Le « capital naturel » que l'économie verte entend valoriser n'est donc plus simplement constitué d'entités, mais aussi de relations et de fonctions, considérées comme divisibles en unités quantifiables, transformables en crédits écologiques (crédit carbone, crédits biodiversité, etc.), pouvant être échangés dans un processus marchand :

« Ces conclusions soulignent avec insistance le rôle du capital naturel et en particulier du capital naturel "vivant" (écosystèmes et biodiversité planétaires). C'est pourquoi nous commençons par des remarques sur le capital naturel et ses flux de bénéfices, surtout pour les communautés pauvres et vulnérables[1]. »

Après les « produits coloniaux » dont on nous vantait les mérites pour développer les colonisés il y a un siècle, voici le nouvel eldorado des services écosystémiques supposés enrichir les pauvres, en oubliant les mécanismes de l'échange inégal.

Pour répondre aux défis climatiques et énergétiques, aux défis agricoles, une nouvelle manne est désignée : la biomasse. Cette biomasse est constituée de l'ensemble de la matière vivante (plantes, animaux, micro-organismes des continents et des océans...) dérivée de la captation de l'énergie solaire par la photosynthèse, soit environ 230 milliards

1. Synthèse du rapport du PNUE sur l'économie verte, *ibid*, p. 6.

de tonnes « produites » chaque année. Aujourd'hui, 24 % de cette biomasse annuellement produite sont directement utilisées par les activités humaines, alimentant les modes de vie insoutenables d'une minorité de la planète, mais assurant aussi les besoins essentiels de la plus grande part de la population mondiale. Le projet de l'économie verte est de puiser davantage encore dans la biomasse, de l'insérer dans les cycles de l'économie industrielle mondiale, voire de la recréer artificiellement. Les firmes y voient un complément ou un substitut du carbone fossile pour la production d'électricité, de carburants, de fertilisants, de plastiques, et un moyen d'absorber le carbone atmosphérique.

La conquête de la biomasse

La biomasse est essentiellement concentrée dans les pays du Sud et nous retrouvons à son égard la rhétorique qui a prévalu pour les ressources naturelles, à savoir la « conservation pour le développement ». L'OCDE est passée maître dans cet art :

« Comparés aux pays de l'OCDE, de nombreux pays en développement sont lourdement tributaires des ressources naturelles. Les forêts, les zones de pêche, les terres et les espèces sauvages sont primordiales pour assurer des moyens de subsistance aux plus démunis. Dans ces conditions, la dégradation des ressources naturelles met en péril non seulement la viabilité écologique, mais aussi la lutte contre la pauvreté. Une saine gouvernance est essentielle pour assurer une gestion viable et équitable des ressources naturelles. Dans beaucoup de pays, il existe des incitations perverses qui favorisent un épuisement rapide des ressources, et auxquelles il est souvent nécessaire de s'attaquer au moyen de réformes institutionnelles et réglementaires. Il s'agit notamment de garantir les droits de propriété ou d'utilisation, ainsi que de renforcer les institutions qui régissent les ressources [1]. »

Ce texte, tout comme celui du PNUD, ne mentionne à aucun moment les besoins gigantesques des pays industriels en biomasse, ni la ruée actuelle des firmes et des groupes financiers vers cette nouvelle manne. Ce sont les pays industriels qui sont tributaires des ressources naturelles localisées dans le Sud ! Et les quelques considérations sur la pauvreté et les pauvres à développer sont bien vite gommées quand arrive le dur du sujet, la « saine gouvernance » : mettre des droits de propriété là où il y a gestion commune, c'est-à-dire permettre l'accaparement de ces ressources par quelques transnationales. Quant au renforcement des institutions, il est également explicite, c'est l'organisation du libre-échange, du libre accès pour les firmes, au mépris de la souveraineté des peuples : « Indépendamment du contexte de la crise, l'élimination des barrières qui entravent actuellement la transition vers des économies plus vertes sera déterminante. Le rapport de synthèse de la stratégie passera en revue plusieurs de ces barrières, notamment la réforme des subventions préjudiciables à l'environnement, la suppression des obstacles aux échanges de biens et services environnementaux, et le renforcement de la cohérence des moyens d'action [2]. »

1. OCDE, *Rapport intérimaire de la stratégie pour une croissance verte : Concrétiser notre engagement en faveur d'un avenir durable,* 2010, p. 27, http://www.oecd.org/dataoecd/42/44/45312850.pdf
2. *Ibid,* p. 11.

L'économie verte accomplirait enfin ce qui a été entrepris dans le cadre de l'OMC et de l'AGCS (Accord général sur le commerce des services), à savoir la libéralisation de l'ensemble des biens et services environnementaux.

En conclusion, l'économie verte devrait permettre aux firmes de contrôler non seulement le patrimoine génétique des semences, des plantes, des humains, mais surtout la capacité de la planète à se reproduire. En ce sens, la rupture qu'elle opère est du même ordre que celle qui est intervenue à la fin du XVIIIe siècle avec la révolution industrielle. Cette révolution s'est fondée sur l'abandon des énergies renouvelables, l'utilisation des énergies fossiles, charbon d'abord et ensuite pétrole, la mécanisation du travail et son inclusion dans le cycle du capital. L'économie verte est une *Great green technological transformation*[1], selon le rapport de l'ONU 2011, fondée sur l'espoir que les nanotechnologies réduiront le prélèvement sur les ressources, que la biologie synthétique et l'exploitation de la biomasse remplaceront les énergies fossiles et que des transformations technologiques de grande ampleur (géo-ingénierie) réduiront le rayonnement solaire et permettront de séquestrer le carbone. Cette nouvelle révolution inclura la nature dans le cycle du capital. Voilà le sens profond du vert de l'économie verte. Il s'agit en effet d'une grande transformation.

1. www.un.org/en/development/desa/policy/wess/wess_current/2011wess. pdf

La biodiversité et les « services écosystémiques » dans l'économie verte

La nature dans la « modernité liquide »

Les connaissances nouvelles ont ouvert la voie à une vision fluide et dynamique du vivant. Ce dernier est vu désormais comme un système agile, adaptatif, complexe et réticulé qui remplace une vision plus statique. Il fait écho aux représentations dominantes du nouvel ordre économique et politique caractérisé par l'imaginaire du réseau, de l'innovation perpétuelle, de la mobilité financière, de la spécialisation flexible, de la « gouvernance » participative. La rencontre actuelle entre la théorie des réseaux et la biologie des populations apporte de nouveaux outils pour étayer ces nouvelles représentations.

Il en résulte que, dans la nouvelle économie verte, les anciens bornages, les anciennes compartimentations (entre espèces, entre variétés de pays et entre variétés élites, entre nature et culture, entre conservation et utilisation de la diversité...) sont considérés comme obsolètes et remplacés par une exaltation du mouvement, du flux, de la connexion et de l'hybridité. Les nouvelles représentations de la nature participent de nouvelles représentations des sociétés et du marché, en même temps qu'elles les naturalisent, comme l'illustre cette réflexion du rédacteur en chef de la très technophile et libérale revue *Wired* :

> « Un réseau distribué, décentralisé est plus un processus qu'une chose. Dans la logique de l'Internet, on passe des noms aux verbes. Les économistes reconnaissent maintenant que les produits sont mieux compris si on les traite

comme des services. Ce qui compte, ce n'est pas ce que vous vendez au client, c'est ce que vous faites pour lui. Ce n'est pas ce que chaque chose est qui compte, c'est ce à quoi elle est connectée, ce qu'elle fait. Les flux deviennent plus importants que les ressources. [...] La vie est une chose en réseau – un être distribué [...], la vie est quelque chose en flux[1]. »

En somme, à un modèle anthropocentrique de domination de la nature figeant et extrayant des entités, des « ressources », s'ajoute un modèle visant à cartographier les continuums en réseau, à intensifier les liens, à capter la valeur ajoutée des flux. En conséquence, la biodiversité est pensée en termes de « services écosystémiques » rendus et infiniment renouvelés. Sa maîtrise consiste davantage, prétend-on, à optimiser les flux de services et à en contrôler l'accès et la mise en marché qu'à obtenir la possession statique de ses éléments. La gestion des services écosystémiques est le nouveau modèle dominant de marchandisation et de financiarisation de la biodiversité. Pour Robert Costanza, l'écologue et économiste qui a proposé en 1997 un premier calcul de la valeur monétaire des services annuellement rendus pas la nature à l'échelle planétaire, les « services écosystémiques sont les flux de matière, d'énergie et d'information générés par le capital naturel, et qui, combinés aux services du capital industriel et humain, produisent le bien-être humain[2] ».

1. K. Kelly. *Out of Control. The New Biology of Machines, Social Systems, and the Economic World,* Addison Wesley, MA, 1995, p. 26, 92 et 98.

2. R. Costanza et al. « The value of the world's ecosystem services and natural capital ». *Nature,* n° 387, 1997, p. 253-260.

Le *Millenium Ecosystem Assessment* publié par les Nations unies en 2005, qui a mis en selle ce modèle dans les arènes internationales, distingue trois types de « services » rendus aux humains par la nature et reconnus comme tels : les « services d'approvisionnement » (correspondant à ce qui était autrefois appelé ressources : bois, production alimentaire, etc.), les « services de régulation » (du climat, des maladies, de la pluviométrie, de la qualité de l'eau, etc.), et les « services culturels » (fonction récréative, spirituelle de la nature, etc.). Le nouveau modèle de gestion des écosystèmes de la planète entend calculer la valeur monétaire des services rendus par ceux-ci en vue de les comptabiliser et d'intégrer ces fonctions écologiques dans le calcul économique. Il suffit pour cela de créer des mécanismes permettant à des individus, des collectivités ou des entreprises, de rémunérer les populations qui gèrent les milieux et permettent l'accès à ce service. C'est le principe du « paiement pour service écologique » (PSE).

Cet imaginaire radieux d'un nouveau business de la nature est notamment véhiculé par la multiplication d'images soulignant un couplage du capital et des processus écologiques : une plante naissant d'un tas d'euros (PNUE, *New Green Deal Initiative*), des feuilles se prolongeant en billets de banque (UNEP & IUCN, document sur le paiement pour les services écosystémiques), ou encore des fourmis rassemblant des fragments de billets ou des papillons-dollars (UNEP, *Notre planète*, septembre 2010).

Cette nature-là, réduite à des flux de services, est une métaphore du capitalisme financier, une représentation de ce que le sociologue allemand S. Bauman appelle une « modernité liquide », prétendant abolir la matérialité de la condition humaine.

La nature hors de prix

Avec cette utopie macabre, se profilent en fait un nouveau mouvement d'expropriation des ressources communes et un modèle néolibéral et productiviste de gestion de la nature. Après avoir marchandisé les éléments de la biodiversité, on s'attaque désormais aux processus, aux « services rendus ». Donnons pour exemple les forêts tropicales conceptualisées, par les élites de la planète, comme des « équipements, grands pourvoyeurs mondiaux de stockage de l'eau, de stockage du carbone, de conservation des sols et d'hébergement de biodiversité [1].

Il est désormais demandé aux scientifiques de démêler, dans les multiples interactions qui trament les écosystèmes, des fonctions et des services isolables les uns par rapport aux autres, de manière à pouvoir leur attribuer un prix. Une fois ce prix attribué, ces services sont échangeables d'un lieu à un autre de la planète, selon le principe de substituabilité et de compensation. Ce pilotage de la recherche en écologie par les logiques de marchandisation de la biodiversité commence à montrer ses effets : réorientation des thématiques de recherche académiques vers le modèle dominant de monétarisation, multiplication d'officines de recherche privée d'ingénierie écologique. Une nouvelle figure de l'écologue-entrepreneur, analogue aux chercheurs en biotechnologie dans les années 1970, émerge. On la retrouve à la tête de sociétés financières investissant dans les services écosystémiques et les produits dérivés de la biodiversité (texte J.-M. Harribey, voir annexe).

1. Steiner Achim and Sukhdev Pavan, *Why the World Needs a Green New Deal*, 2009, http://www.qfinance.com/macroeconomic-issues-viewpoints/why-the-world-needs-a-green-new-deal?full

On assiste en effet depuis ces dernières années, et Rio + 20 pourrait consacrer cette évolution, à un mouvement de couplage de plus en plus intime entre les flux du capital financier et les processus écologiques. Ce nouveau discours dominant argue de l'échec, certes réel, des politiques passées à enrayer la perte de biodiversité pour légitimer le dogme que seuls des instruments marchands (marché de droits échangeables, compensation, obligations, produits dérivés, paiements pour services écologiques...) sont efficaces. Les autres instruments d'action publique (taxes, réglementations) sont idéologiquement disqualifiés comme inefficaces et insuffisamment « flexibles ». En même temps, les parallèles entre les fonctionnements observés dans la nature et ceux observés sur les marchés renforcent la naturalisation de l'ordre libéral et suggèrent que la nature est « la plus grande entreprise de la Terre [1] ».

Les institutions internationales comme le PNUE , certaines grandes ONG comme l'UICN (Union internationale pour la conservation de la nature), The Nature Conservancy, WWF, ou encore Conservation International, organisent et accompagnent ce mouvement. Elles le font au nom de la « conservation » et des revenus qui pourraient être distribués aux populations des pays pauvres. Les communautés locales n'auraient alors qu'à gérer la biodiversité en bons chefs d'entreprise, en agents rationnels, en entrepreneurs d'import-export de crédits biodiversité ou autres, pour pouvoir retirer les bénéfices d'une stratégie dite « gagnant-gagnant ».

1. IUCN, *Wildlife Crisis Worse Than Economic Crisis*, 2009. http://www.iucn.org/about/work/programmes/species/?3460/Wildlifecrisisworsethaneconomiccrisis

C'est oublier que répondre véritablement au défi de la crise de la biodiversité implique de poser des limites à l'expansion de la sphère économique et marchande, d'instituer une régulation collective des usages des territoires au lieu des nouveaux discours de la « finance innovante », des « services écosystémiques » et des nouveaux marchés pour une nouvelle croissance.

Les nouveaux instruments de marché et la stratégie des firmes

Derrière ces images d'Épinal, se joue la colonisation des pratiques de conservation de la nature par des logiques managériales, marchandes et médiatiques. Plus encore qu'au temps de J.-Y. Cousteau et B. Bardot, les vedettes du showbiz sont « mobilisées » dans les programmes de conservation, transformant la sauvegarde de l'environnement en grand spectacle. Les grandes ONG de conservation sont désormais largement financées par des entreprises, qui n'oublient pas de placer leurs représentants dans les conseils d'administration. Elles sont devenues de véritables entreprises gérant des millions d'hectares, procédant à des certifications bien souvent laxistes et délivrant des crédits biodiversité à des produits ou des activités relevant des entreprises qui les financent. Plus préoccupant encore, avec la mise en place de programmes internationaux comme UNEP Finance ou le Biodiversity and Business Offset Program, on assiste à un pilotage des agences et des programmes internationaux par les représentants d'intérêts économiques privés. Ces collusions se réalisent au sein de partenariats justifiés par le besoin de mobiliser le secteur privé et de suppléer la carence des financements publics dans le cadre de l'ONU. En matière de biodiversité comme dans d'autres secteurs, l'action publique des Nations unies tend à être privatisée.

Ainsi, à côté des outils plus administrés d'action environnementale, on assiste au développement de nouveaux « instruments de marché » pour gérer la biodiversité et ses services : paiements pour services environnementaux, permis échangeables sur des marchés. Les transactions marchandes autour de la conservation de la biodiversité ne font qu'émerger. Une estimation récente estimait ce marché à trois milliards de dollars en 2010 au plan mondial[1]. Mais le Biodiversity and Business Offset Program travaille à la promotion d'un marché international de la compensation financière biodiversité sur le modèle de marché des gaz à effet de serre. Il comprend parmi ses membres des ONG comme WWF, The Nature Conservancy ou Conservation International, des entreprises comme Rio Tinto, des banques comme la Caisse des Dépôts et Consignations, le Global Environmental Fund ou la BERD (Banque européenne de reconstruction et de développement), et des départements ministériels d'une quinzaine de pays.

En vue d'exploiter ces outils, de nouveaux fonds d'investissement dans les services écosystémiques fleurissent : EKO Asset Management Partners, Inflection Point Capital Management, Innovest Strategic Value Advisors, Canopy Capital, Caisse des Dépôts et Consignations en France, etc., en sont quelques exemples. En mars 2008, Canopy Capital passe un accord financier avec la réserve nationale d'Iwokrama (371 000 ha, 7 000 habitants) en Guyana, dans la forêt amazonienne. En échange d'un versement annuel finançant

1. http://www.ecosystemmarketplace.com/pages/dynamic/article.page.php?page_id = 8397 & section = news_articles & eod = 1

des actions de conservation de la réserve, Canopy Capital n'a pas acheté la terre en tant que telle, mais les droits sur les services écosystémiques de la réserve, tels que le maintien de la pluviosité dans la région, le stockage de l'eau et du carbone et la modération du climat. Ces droits pourront être placés auprès d'investisseurs ou auprès d'entreprises soumises à une obligation de compensation.

Quelques sociétés financières dédiées à la biodiversité et aux services écosystémiques

Créé en 2008, *EKO Asset Management Partners*[1] est dirigé par Ricardo Bayon, ancien fondateur et directeur de l'Ecosystem Market Place, initiative lancée par l'ONG Forest Trend pour promouvoir les marchés de la biodiversité et des services écosystémiques. On trouve parmi ces investisseurs des membres des dynasties Goldsmith et Rothschild ou encore British Petroleum, et EKO compte dans son conseil d'administration James Wolfensohn, ancien président de la Banque mondiale. EKO investit notamment dans l'achat de terres « recelant des potentiels environnementaux non valorisés ou non reconnus » pour les valoriser sur les « marchés environnementaux émergents ». EKO a récemment lancé aux États-Unis le fonds Green Carbon.

Inflection Point Capital Management (http://www.inflectionpointcm.com) a été fondé en 1992 et se veut le levier financier du verdissement de l'économie. ICPM a été fondé par Matthew Kiernan, ancien président du World Business Council of Sustainable Development, auteur de *Investing in a Sustainable*

1. http://www.ekoamp.com/

> *World*, et orateur fréquent de Davos. Kiernan a collaboré à la mise au point d'un outil d'analyse financière notant les risques et performances carbone des entreprises afin de permettre aux investisseurs de prendre en compte les risques liés au changement climatique et aux régulations environnementales dans leurs stratégies d'investissement.

À ces instruments financiers s'ajoutent en nombre croissant des produits dérivés, couche d'abstraction et de spéculation supplémentaire. Il s'agit, d'une part, de *produits dérivés biodiversité* qui en sont encore au stade de la proposition, mais qui pourraient inciter des agents économiques à spéculer sur la disparition d'espèces comme d'autres ont spéculé sur l'écroulement des *subprimes*. Il s'agit, d'autre part, de produits liés à des emprunts hypothécaires gagés sur l'environnement, *environment mortgage*. Ces emprunts hypothécaires sont placés auprès de communautés locales du Sud, pauvres en ressources économiques mais riches en ressources naturelles, qui empruntent selon un prêt de type microfinance, présentant la particularité d'être gagé sur l'environnement et conditionné par une bonne gestion du milieu. Ses promoteurs, comme la firme Advanced Conservation Strategy, ne disent pas ce qui adviendra si les débiteurs sont dans l'impossibilité de rembourser, comme ce fut le cas dans la crise du prêt immobilier de 2008 : on imagine que leur territoire passerait alors sous la propriété des investisseurs ! Ainsi va l'économie verte version PNUE, Banque mondiale et OCDE !

La crise climatique opportunité pour l'économie verte

Vingt ans après la Convention climat et le protocole de Kyoto, alors que la crise financière illustre les délires de la tentative de financiarisation sans bornes et que la crise écologique s'approfondit, le sommet de Rio + 20 est placé sous le signe de l'appel aux marchés financiers. La Banque mondiale est sur les rangs. Outre les fonds carbone qu'elle gère déjà, elle finance une dizaine de pays du Sud, non soumis aux obligations du protocole de Kyoto, en vue de la mise en place des marchés carbone [1]. De son côté, le rapport du PNUE de 2011 est à ce propos éloquent : « Les instruments économiques tels que les permis négociables sont de puissants outils de gestion de "l'invisibilité économique de la nature", de plus en plus utilisés pour traiter un large éventail de questions environnementales [2]. »

L'agriculture comme production de services écosystémiques marchandisables

L'agriculture est l'activité par laquelle les hommes interviennent sur et avec la nature pour satisfaire les besoins des populations. Or l'agriculture émet des gaz à effet de serre en grande quantité puisque l'on évalue sa part à 30 % des émissions globales. En effet, aux gaz à effet de serre émis à partir des ressources énergétiques utilisées, s'ajoutent ceux engendrés directement par les activités agricoles. La modification de l'affectation des sols, les activités d'élevage ou le simple fait de cultiver (rizières notamment) peuvent relâcher

1. http://www.brettonwoodsproject.org/art.shtml?x=568881)
2. www.unep.org/greeneconomy/Portals/88/documents/ger/GER_synthesis_fr. pdf, p.35

des quantités non négligeables de gaz à effet de serre (CO_2, méthane), qui augmentent avec les pratiques agro-industrielles. Les experts de l'IAASTD (International Assessment of Agricultural Knowledge, Science and Technology for Development) ont reconnu en 2009 que les plus forts taux d'émissions de gaz à effet de serre dans l'agriculture proviennent de l'agro-industrie et des monocultures intensives. Les réduire est donc un enjeu important.

Rendre les pratiques agricoles « intelligentes » au regard des exigences climatiques est l'objet des politiques et recommandations dites « *climate smart agriculture* », développées notamment par la Banque mondiale. L'idée de base en est simple. Si l'agriculture est une source non négligeable d'émissions de gaz à effet de serre, il est possible de les réduire en sélectionnant les pratiques les moins émettrices et en utilisant les capacités physiques des sols à capter des gaz à effet de serre. Considérant que l'utilisation de ces pratiques agricoles aurait un coût pour les agriculteurs tout en leur permettant également une « intensification durable » de leur production, la Banque mondiale préconise de confier à des mécanismes de marché et des acteurs privés la sélection, la promotion et la diffusion de ces pratiques, avec une rémunération pour les agriculteurs qui les utilisent.

Ainsi, en juin 2011, le président de la Banque mondiale, l'Américain Robert Zoellick affirmait qu'avec « des politiques appropriées en termes de séquestration de carbone dans le sol, 13 à 14 % des émissions de gaz à effet de serre pourraient être captées », afin « d'améliorer la productivité des sols et des semences » et de permettre « un jeu gagnant-gagnant entre le captage du carbone dans les sols et la productivité agricole[1] ». Malgré les échecs des marchés carbone, la Banque mondiale promeut de tels mécanismes pour faire de l'agriculture l'un des pivots de la décarbonification de l'atmosphère et un sous-système de la finance carbone ! Pour la Banque mondiale, ces solutions permettent à la fois l'adaptation au changement climatique, la réduction des gaz à effet de serre dans l'atmosphère et l'augmentation de la productivité agricole.

Si les sols sont réduits à une fonction écologique, en tant que puits de carbone, et si les pratiques agricoles se réduisent à optimiser cette fonction, alors les sols et les paysans rendent un service écosystémique de régulation des émissions de gaz à effet de serre. Transformer cette fonction en un service écosystémique pouvant être l'objet d'une rémunération nécessite un processus de définition, évaluation, mesure, normalisation, contrôle, certification, etc. À chaque étape, des choix et des opérations de réduction, compliqués, arbitraires et critiquables sont à effectuer. Ils le seront par des cabinets d'études internationaux. Transformer l'agriculture en pratique de séquestration du carbone pose des questions complexes. Quelle intégrité de l'environnement ? Peut-on établir une comptabilité juste et précise du captage du carbone dans le sol ? Cette comptabilité a-t-elle une justification économique ? Peut-on introduire des incitations financières appropriées pour des investissements agroécologiques dans le secteur ?

Ce travail de définition et de normalisation a déjà débuté. La FAO, le Centre mondial d'agroforesterie, l'Académie des

1. http://www.brettonwoodsproject.org/art.shtml?x=568881

sciences de Chine et le gouvernement provincial de Qiunghai (Chine) ont ainsi étudié, avec des éleveurs, comment améliorer les techniques de pâturage. Une fois la méthodologie validée par le Verified Carbon Standard [1], tout projet utilisant cette méthodologie sera en mesure de créer et d'émettre des crédits de carbone échangeables sur les marchés volontaires. Bien entendu, les promoteurs des marchés et de la finance carbone y voient des opportunités pour développer leurs activités. Par ce biais, la Banque mondiale et ses alliés essaient donc de faire reconnaître la capture du carbone par les sols comme un mécanisme de développement propre dont les crédits d'émission pourraient être échangés sur les marchés officiels.

Les négociations internationales sur le climat sont ainsi devenues l'une des arènes décisives quant à l'avenir de ces projets. L'année 2011 a été celle d'une bataille importante pour définir la place que doit occuper l'agriculture dans ces négociations. Doit-elle être vue sous l'angle de l'adaptation au changement climatique, en privilégiant les fonds que les pays responsables des dérèglements actuels devraient allouer aux paysans du Sud pour leur permettre de s'adapter ? Ou bien l'agriculture doit-elle être considérée sous l'angle de l'optimisation de la séquestration du carbone dans les sols ? Finalement, lors de la conférence de Durban (Afrique du Sud), fin 2011, un groupe de travail spécifique sur l'agriculture a été constitué. Il devra émettre des préconisations lors de la prochaine conférence qui se tiendra fin 2012 à Doha (Qatar). Les pressions sont très fortes pour qu'il

1. Organisation à but non lucratif spécialisée dans la comptabilisation des GES.

définisse les modalités précises d'inclusion de l'agriculture dans les mécanismes de développement propre et dans les marchés du carbone.

En effet, dès 2009, une trentaine de pays, dont de nombreux pays du Nord, se sont alliés dans le *Global Research Alliance on agriculture greenhouse gas* pour étudier la comptabilité carbone des pratiques agricoles. Depuis, des pays comme l'Australie, la Nouvelle-Zélande, les États-Unis ont intégré l'agriculture dans leurs *Nationally Appropriate Mitigation Actions* (NAMAs), c'est-à-dire dans leurs actions volontaires pour réduire leurs émissions. Au vu de leur faible implication dans la bataille contre le réchauffement climatique mondial, ces engagements n'ont du sens que dans une optique de pression pour intégrer l'agriculture et les pratiques agricoles dans les dispositifs des marchés du carbone. De la même manière, en Europe, la nouvelle réforme de la PAC évoque la préservation des «biens publics mondiaux». Les agriculteurs et paysans européens vont-ils être rémunérés pour cela ? Quelle place sera donnée aux mécanismes de compensation et aux marchés du carbone ou de la biodiversité ?

L'une des pratiques agricoles qui permettrait de limiter les dégagements de gaz à effet de serre est la technique des semis directs, fondée sur l'introduction directe des semences, sans labour préalable. Non travaillés, les sols ne relâchent pas de gaz à effet de serre. Par ailleurs, le semis direct diminue fortement la consommation de carburant et d'intrants à l'hectare. Longtemps oubliées de l'agriculture occidentale moto-mécanisée, ces techniques sont peu à peu redécouvertes. Mais Monsanto et ses acolytes n'ont pas manqué l'occasion. La firme américaine a fait breveter des OGM appropriés à l'utilisation de cette technique. Leur idée ? En utilisant ces semences OGM et la technique du semis direct, les paysans favoriseraient le maintien de gaz à effet de serre dans le sol. Le développement, l'implantation et la diffusion de ces semences et de ces techniques, brevetées, pourraient donc devenir éligibles aux mécanismes de développement propre et obtenir des certificats de réduction d'émissions échangeables sur les marchés carbone. C'est pourquoi Monsanto et d'autres firmes agro-industrielles se frottent les mains et encouragent vivement les projets de *climate smart agriculture* développés par la Banque mondiale.

Le Kenya accueille le tout premier projet agricole[1] de la Banque mondiale visant à encourager la séquestration du carbone dans les sols. Il s'appelle Biocarbon Fund Project et se veut un projet pionnier. Il concerne 15 000 agriculteurs, regroupés en 800 groupes, qui doivent modifier leurs pratiques agricoles sur une période de vingt ans, afin de fixer dans le sol quelques 600 000 tonnes de gaz à effet de serre. Le projet doit permettre d'obtenir 2,5 millions de dollars en crédits carbone[2]. Somme que l'on fait miroiter aux paysans et au gouvernement kenyan, pour les convaincre du bien-fondé de cette initiative. Concrètement, des techniciens et experts de la séquestration du carbone dans les sols viendront expliquer aux paysans kenyans les techniques et pratiques agricoles à employer pour semer, entretenir et récolter. La mise en place et le suivi du projet, comme la

1. http://www.guardian.co.uk/environment/blog/2011/jun/17/bonn-climate-summit-diary

2. Étude IATP : http://www.iatp.org/documents/elusive-promises-of-the-kenya-agricultural-carbon-project

mesure du carbone séquestré ou la commercialisation des certificats de réduction d'émissions, mobiliseront plus d'un million de dollars que les consultants, financiers et autres experts se partageront avec gourmandise. Le reste, partagé entre 60 000 paysans correspond à peine à plus d'un dollar par an et par paysan ! Dans un pays où l'agriculture contribue à plus de 27 % du PIB et où 70 % de cette agriculture est aux mains des petits paysans, alors que le seuil de pauvreté est à un dollar par jour, le gain effectif est au-delà du dérisoire. L'essentiel des revenus créés se répartit entre acteurs des pays industriels.

Outre cet exemple connu du Kenya, la FAO et l'Union européenne ont annoncé[1] en janvier 2012 avoir débloqué 5,3 millions d'euros (respectivement 2 et 3 millions d'euros) pour des projets de trois ans visant à promouvoir des pratiques de *climate smart farming* au Malawi, au Vietnam, et en Zambie. La FAO sera maîtresse d'œuvre et des organismes internationaux comme Global Crop Diversity Trust[2] seront de la partie. Alors que ces trois pays ne comptent pour presque rien dans les émissions de gaz à effet de serre à l'échelle de la planète, la FAO et l'UE veulent « identifier les opportunités spécifiques à chaque pays pour implanter des pratiques de *climate smart agriculture* existantes ou en développer de nouvelles ». À cette fin, il est prévu d'« identifier des mécanismes innovants » afin « d'attirer des investissements

1. http://www.guardian.co.uk/environment/blog/2011/jun/17/bonn-climate-summit-diary

2. Le Global Crop Diversity Trust (GCDT) a été fondé par la FAO et par Bioversity International en 2006. Cet organisme est chargé de gérer le Svalbard Global Seed Vault.

internationaux». En novlangue décodée, cela revient à trouver les moyens pour articuler ces projets aux marchés de la compensation carbone.

Ces quelques exemples expliquent pourquoi la Via Campesina, le plus important mouvement de paysans de la planète, rejette l'extension des mécanismes de compensation et de marché carbone à l'agriculture. Ces projets visent « à surexploiter la planète en le qualifiant de "vert" », ce qui rendra « les paysans dépendant de semences et intrants très chers[1] ». Lors de la conférence de Durban, organisations et réseaux africains et internationaux ont rendu publique une lettre pour obtenir le rejet de l'introduction des sols agricoles et des pratiques agro-écologiques dans la finance carbone. Selon cette lettre, cela « conduirait les sols agricoles et les pratiques agro-écologiques à être transformés en produits destinés à être vendus sur les marchés carbone, ou être utilisés comme puits à carbone pour permettre aux pays industrialisés de continuer à éviter de réduire leurs propres émissions ». Ces associations craignent la poursuite de l'accaparement des terres, l'extension des cultures d'agrocarburants et des pratiques de biochar[2], avec pour conséquence une aggravation de la pauvreté des agriculteurs, de l'insécurité alimentaire et des dérèglements climatiques mondiaux.

1. http://viacampesina.org/en/index.php?option=com_content & view = article & id = 1207:reclaiming-our-future-rio-20-and-beyond & catid = 48 :-climate-change-and-agrofuels & Itemid = 75

2. Le biochar revient à transformer de la biomasse ligneuse (arbres) en charbon qui peut être enfoui dans les sols. Ses partisans considèrent que cela supprime définitivement du carbone de l'atmosphère en le séquestrant dans le sol, tout en améliorant les sols.

Enfin, ces dispositifs ne sont pas conçus pour fournir les ressources nécessaires aux paysans pour s'adapter aux conséquences du réchauffement climatique qui se font déjà sentir (sécheresses, inondations, modifications des saisons sèches et des pluies, etc.). Au mieux, ils ne laisseront que des miettes aux paysans, après les avoir spoliés de leur autonomie. Plus fondamentalement et immanquablement, ces dispositifs réduisent l'emprise des paysans sur leur travail tout en favorisant un nouvel accaparement des terres. En effet, ils nécessitent l'agrégation de milliers, voire de millions, d'hectares et de milliers de paysans. Ainsi enrôlés, ces derniers deviennent dépendants de fonds financiers non prévisibles et supportent le fardeau de l'atténuation du réchauffement climatique dont ils ne sont pas responsables.

Introduire l'agriculture dans les dispositifs de marché du carbone permet aux pays du Nord de transférer l'ajustement sur les populations les plus pauvres, au lieu de réduire leurs émissions propres et changer leurs modes de vie. Loin de promouvoir les pratiques d'agriculture vivrière, agroécologiques, traditionnelles ou pas, qui sont pour la plupart satisfaisantes au regard des exigences climatiques à l'opposé des pratiques agro-industrielles, l'introduction de l'agriculture dans les négociations climatiques est une stratégie délibérée visant à transformer les pratiques agricoles en actifs valorisables et échangeables sur des marchés financiers. Alors que l'agriculture industrielle et les monocultures détruisent les processus naturels de régulation du carbone dans les sols pour les remplacer par des procédés chimiques provenant des engrais et des pesticides, dont la production consomme de grandes quantités de combustibles fossiles, les projets de *climate smart agriculture* financiarisent l'une des plus anciennes pratiques humaines, l'agriculture, cœur de la survie de l'espèce humaine et lieu d'élaboration culturelle et symbolique.

Les forêts transformées en services

Avec les sols, les forêts représentent une manne extra-ordinaire. Il est évident que la déforestation doit être réduite car elle est un facteur très important du changement climatique.

La lutte contre la déforestation est inscrite dans plusieurs programmes : REDD (réduction des émissions dues à la déforestation et à la dégradation), REDD + (REDD, plus la « gestion durable des forêts » et l'augmentation des capacités de séquestration et de stockage du carbone). Le Programme REDD des Nations unies (ONU-REDD) a été lancé en 2008 par la FAO, le PNUD et le PNUE pour réduire le déboisement et la dégradation forestière et accroître les stocks de carbone forestier. Un autre mécanisme au sigle exotique existe, LULUCF (Land Use, Land-Use Change and Forestry). Il permet la compensation des émissions par le développement des capacités de la terre et des forêts à capter et séquestrer le carbone dans des puits de carbone. En compensant leurs émissions domestiques par la plantation de forêts, les pays industriels reçoivent des crédits d'émission qui leur permettent d'atteindre leurs objectifs de réduction sans modifier leur modèle. Pourtant, la séquestration ne peut compenser dans le temps une émission déjà réalisée car un puits de carbone, une forêt, qui séquestre le carbone pendant sa croissance, peut ensuite devenir émetteur. Mais peu importe, faisons comme si le temps était infiniment réversible !

Ces programmes sont fondés sur une définition particulière des forêts. Celle-ci inclut aussi bien les forêts primaires, source essentielle de vie pour ceux qui les habitent, en vivent et les entretiennent, que les monocultures d'arbres (eucalyptus, palmiers à huile…) qui détruisent les écosystèmes et les agricultures vivrières, provoquent l'exode rural et le chômage, épuisent les sols et les ressources en eau. C'est pourquoi, une définition des forêts conforme aux objectifs de justice climatique devrait exclure les plantations et reconnaître les droits des personnes, des communautés et des peuples indigènes qui vivent de la forêt. Au contraire, le processus onusien de mise en place de projets REDD continue à considérer les plantations d'eucalyptus ou de pins transgéniques comme des forêts donnant droit à des crédits carbone négociables sur le marché [1].

L'enjeu central actuel, depuis les négociations de Cancun en 2010 qui ont entériné le processus REDD +, est le financement de ces projets, avec une priorité à la finance carbone. Jusque-là, dans le cadre du protocole de Kyoto, seuls des projets incitatifs contre la déforestation ou la reforestation pouvaient être financés. Après Cancun, des juridictions entières, y compris les États, peuvent recevoir des fonds et des investissements moyennant ensuite une vérification sur la réalité des réalisations. Pourtant la souveraineté des États sur leurs ressources, affirmée par la Convention sur la diversité biologique (Rio 1992), est théoriquement incompatible avec l'inclusion des forêts tropicales dans le marché mondial

1. Pour plus de précisions, voir la brochure Attac, *Pour une justice climatique; libérons le climat des marchés financiers*, 2009, http://www.france.attac.org/archives/spip.php?article10456.

du carbone, et les droits des peuples indigènes doivent être reconnus à part entière. L'économie verte n'en a cure.

Le Programme des Nations unies pour l'environnement (PNUE) et le secteur bancaire ont publié un rapport en 2011, pour favoriser et intensifier la place de la finance privée dans la lutte contre la déforestation. Les banques, dont BNP Paribas, déjà sur les rangs, espèrent pouvoir accéder à un marché potentiel de plusieurs dizaines de milliards d'euros par an avec la création de crédits carbone. Les textes préparatoires au sommet de Rio, notamment ceux du PNUE sur l'économie verte, font une place tout à fait particulière à ces processus, assimilés au paiement des services environnementaux, cœur de l'économie verte : « Dans le cadre des projets pilotes en cours pour REDD +, il est de plus en plus démontré que ces "paiements pour services environnementaux" devraient tenir leurs promesses non seulement pour la préservation de la biodiversité et la régulation du climat, mais aussi pour développer les ressources importantes pour les communautés qui jouent un rôle de gardiens des paysages [1]. » Les communautés apprécieront !

L'économie verte, alternative à la ruée sur les ressources minières et énergétiques ?

Définie par le PNUE comme une économie « réduisant de manière significative les risques environnementaux et la pénurie de ressources » et assurant une « utilisation rationnelle des ressources et l'efficacité énergétique », l'économie

1. www.unep.org/greeneconomy/Portals/88/documents/ger/GER_synthesis_fr. pdf, p. 36.

verte est censée être en mesure de répondre aux défis posés par la raréfaction et la pénurie des ressources naturelles non renouvelables. C'est une hypothèse forte tant cette raréfaction est aujourd'hui un fait bien établi, eu égard aux niveaux croissants de consommation actuels. En trente ans, la consommation mondiale de ressources naturelles a augmenté de 50%. Dans son rapport annuel[1] de 2010, l'Agence internationale de l'énergie a reconnu que le pic absolu de production de pétrole conventionnel a été franchi en 2006. Il pourrait en être de même pour le gaz en 2030, l'uranium en 2040, le charbon en 2055 ou encore le fer en 2015, le cuivre en 2020. Ce pic de production aurait déjà été atteint en 2011 pour le phosphate, base des engrais agricoles. En termes de réserves, il n'y aurait pas plus de deux à trois décennies d'exploitation possible pour de nombreux éléments, tels que l'argent, le fluor, l'étain, le zinc, le nickel.

L'économie verte est fortement consommatrice de ressources énergétiques et fossiles

La transition vers cette économie verte s'appuie sur le déploiement généralisé de nouvelles technologies réputées moins coûteuses en ressources naturelles non renouvelables. S'il est souvent difficile de distinguer ce qui est vert de ce qui ne l'est pas, cette approche se limite généralement à considérer comme vertes des techniques ou technologies qui émettent moins de gaz à effet de serre. On peut parler de «carbocentrisme[2]» pour désigner cette réduction de

1. http://www.iea.org/W/bookshop/add.aspx?id=422
2. Ce «carbocentrisme» est également à la source des fausses solutions aux dérèglements climatiques que sont la compensation carbone ou les méthodes de géo-ingéniérie.

la crise écologique aux émissions de dioxyde de carbone. Une voiture électrique alimentée par des énergies renouvelables est-elle verte si sa construction nécessite quantité d'alliages faits de métaux rares, incluant le lithium, ainsi que de grandes quantités d'eau pour l'extraction de ces minerais, dans des régions qui en sont généralement dépourvues ? Une technologie verte n'est pas nécessairement moins consommatrice de matières premières.

La dématérialisation de l'économie et l'utilisation des nouvelles technologies de l'information et de la communication sont généralement présentées comme les prémices de cette économie verte. Dématérialisation de la production, réduction des déplacements, développement des services sont cités en exemple. C'est oublier que le développement de ces technologies nécessite des quantités importantes de minerais, classiques ou rares, et que leur production ne se fait pas sans consommation d'énergie. Bien que les évaluations varient, la fabrication d'un ordinateur nécessite plus de 200 kg d'énergies fossiles et d'importantes quantités de ressources minérales. Le téléphone portable, avec 1,2 milliard d'unités vendues en 2007 dans le monde, peut contenir douze métaux différents à hauteur de 25 % de son poids total. À masse de substance égale, fabriquer des nanofibres de carbone requiert 13 à 50 fois plus d'énergie que fondre de l'aluminium, et 95 à 360 fois plus d'énergie que produire de l'acier[1]. D'une manière générale, le coût écologique des nanoproduits est plus élevé que celui des matériaux

1. http://www.amisdelaterre.org/IMG/pdf/RAPPORT_OP_BDEF_2_. pdf

classiques. Par exemple, 99,9 % des matériaux employés pour fabriquer des nanoproduits pour ordinateurs et autres articles électroniques, se transforment en déchets en cours de fabrication.

Par ailleurs, l'hypothèse de substitution technologique sous-jacente à cette approche n'est généralement pas étayée. Or, par exemple, il est possible de calculer que le stock de lithium est insuffisant pour substituer un parc automobile électrique au parc automobile existant alors que ce dernier est en croissance exponentielle. À cela s'ajoutent les effets rebond. Avec pour résultat, une pression accrue sur les ressources naturelles. Économie verte et pression moindre sur les ressources ne vont donc pas forcément ensemble.

Une course sans fin aux ressources énergétiques et minières

Les scénarios d'économie verte s'appuient généralement sur l'idée selon laquelle les ressources énergétiques fossiles et minières vont devenir plus chères en raison de leur raréfaction ou bien en raison de l'augmentation volontaire de leurs prix, dans le cadre de politiques écologistes. Ce processus est supposé renchérir le prix relatif de ces matières premières par rapport aux énergies vertes et renouvelables et aux procédés de fabrication plus économes en ressources. Ainsi, selon le même rapport du PNUE, « les investissements dans les technologies basées sur les énergies renouvelables augmentent déjà aujourd'hui, à mesure qu'elles gagnent en compétitivité ». Et de préciser que « de 2002 à mi-2009, le total des investissements dans les énergies renouvelables a atteint un taux de croissance annuel composé de 33 % ». Pourtant, si on prend le mix énergétique global ou celui de nombreux pays du Nord, on observe que la production énergétique renouvelable vient s'ajouter aux énergies fossiles et non s'y substituer. Sans réduire le volume global de la consommation d'énergie, réduire la proportion des énergies fossiles dans le mix énergétique ne permet ni de réduire suffisamment les émissions de gaz à effet de serre ni de « réduire de manière significative la pénurie des ressources », contrairement aux affirmations du PNUE.

Cet échec est d'autant plus évident que la dynamique entre l'augmentation des prix, la financiarisation et la hausse de l'extraction s'auto-entretiennent. Le renchérissement des matières premières suscite et attire de nombreux acteurs financiers et les incite à investir massivement dans le secteur afin de spéculer sur les évolutions des prix. Par ailleurs, les multinationales minières ou pétrolières ont réalisé et accumulé d'immenses profits ces dernières années. Par exemple, les profits nets des quarante plus grandes multinationales minières sont passés de 6 milliards de dollars en 2002 à 110 milliards en 2010. La captation de ces très importantes liquidités ne peut que les inciter, d'un côté, à multiplier les investissements financiers et, de l'autre, à tenter de maintenir ou accroître leurs réserves prouvées afin de soutenir ou affermir les valorisations boursières sur lesquelles leurs investissements sont basés. Autant de stimulants pour renforcer cette frénésie d'exploration énergétique et minière.

Par exemple, le renchérissement du pétrole et du gaz conventionnels, loin d'inciter les multinationales gazières et pétrolières à basculer une part significative de leurs investissements sur les énergies renouvelables, a permis l'exploration et l'extraction de pétrole et de gaz dans des gisements non conventionnels. Elles forent toujours plus loin, toujours plus profond et toujours plus cher, grâce à de nouvelles techniques devenues récemment rentables. Si l'éolien ou le solaire apparaissent désormais dans les bilans des industries pétrolières et gazières, ce sont bien le pétrole offshore en eaux profondes, y compris en Arctique, le pétrole issu des sables bitumineux, le pétrole et le gaz de schiste extraits grâce à la technique de fracturation hydraulique, qui constituent leur centre d'intérêt principal. En témoigne la frénésie pour le gaz et huile de schiste qui a saisi les États-Unis et le reste de la planète[1]. Au point que les États-Unis, hier importateurs de gaz, sont aujourd'hui sur le point de devenir exportateurs et premiers producteurs de gaz naturel de la planète. Dans le même temps, le Canada se rêve en superpuissance pétrolière par l'exploitation des sables bitumineux, cherchant à tout prix à exporter son pétrole au-delà du continent nord-américain[2]. L'accord de libre-échange entre l'Union européenne et le Canada est ainsi marqué par les intérêts des lobbies pétroliers.

Du côté de l'extraction minière, les spécialistes en conviennent[3], nous sommes entrés dans une nouvelle ère.

1. « Gaz de schiste : l'après-pétrole ou une impasse ? », http://alter-echos.org/extractivisme-ressources-naturelles/gaz-de-schiste-lapres-petrole-ou-une-impasse/

2. Aux États-Unis, bras de fer autour du pipeline de la discorde, http://alter-echos.org/extractivisme-ressources-naturelles/aux-etats-unis-bras-de-fer-autour-du-pipeline-de-la-discorde/

3. Entretien avec William Sacher, « Urgence d'un changement civilisationnel face à la nouvelle ruée minière mondiale », http://alter-

De l'Indonésie au cœur de l'Afrique ou de l'Amérique latine [1], une nouvelle frontière minière se déplace vers de nouveaux territoires, soutenue par deux ou trois décennies de politiques néolibérales menées dans ces régions, créant des cadres d'investissements très favorables aux industries minières. La production de nombreux minéraux a explosé au cours des dix dernières années, tandis que les dépenses d'exploration atteignent des sommets. À cela plusieurs raisons. Tout d'abord, les pays industrialisés développent des stratégies visant à assurer leurs approvisionnements en minéraux ou matériaux jugés stratégiques ; la demande des grands pays émergents, comme la Chine ou l'Inde, ne cesse de s'accroître ; et enfin la croissance des secteurs des nouvelles technologies, qu'elles soient civiles ou militaires, accroît très fortement la demande de métaux conventionnels ou rares ; enfin, en période d'instabilité économique et financière récurrente, l'or ou l'argent et les métaux précieux sont de plus en plus utilisés comme valeur refuge.

Là encore, les prix élevés, loin de réduire la demande de minerais, ont ouvert de nouvelles perspectives d'extraction. Avec de nouvelles techniques, comme les méga-mines à ciel ouvert, des gisements où les matériaux recherchés sont présents en faibles ou très faibles concentrations sont devenus rentables. Au début du XXe siècle, le minerai de cuivre

echos.org/extractivisme-ressources-naturelles/urgence-d%e2%80%99un-changement-civilisationnel-face-a-la-nouvelle-ruee-miniere-mondiale-entretien-avec-william-sacher/

1. D'après la Banque mondiale, l'Amérique latine représente 30 % des investissements mondiaux pour l'exploration de nouveaux gisements.

contenant moins de 10 % de métal n'était pas exploité. Aujourd'hui, certains gisements sont exploités avec seulement 0,4 % de métal. De plusieurs kilomètres de diamètre et de plusieurs centaines de mètres de profondeur, les mines à ciel ouvert et les techniques utilisées pour séparer le minerai des 99 % de roches restantes, engendrent des millions de tonnes de déchets et dévastent les écosystèmes environnants, y compris le climat local[1]. Par exemple, la production d'un gramme d'or nécessite 10 000 litres d'eau. Les pollutions aux métaux lourds tels que le plomb, le mercure, l'arsenic et le cadmium engendrées par ce type d'exploitation sont fréquentes. Elles se propagent dans les sols et les eaux, contaminant les sources situées en aval et suscitant des conflits sociaux-environnementaux nombreux et souvent violents. En 1999, une étude réalisée par le ministère péruvien de la santé[2] montrait que les enfants vivant à proximité des installations d'extraction présentaient une teneur en plomb dans le sang trois fois supérieure au seuil préconisé par l'Organisation mondiale de la santé (OMS).

Prise globalement, cette boulimie extractive alimente les modes de consommation insoutenables des populations les plus riches de la planète, celles du Nord, ainsi que les populations riches des pays du Sud. À peine 20 % de la population mondiale consomment 80 % de l'énergie produite sur la planète, les habitants des pays riches utilisant en moyenne jusqu'à dix fois plus de ressources naturelles

1. *Cf.* Interview de Julia Cuadras Falla, publication à venir sur www.alter-echos.org

2. Cité dans : http://www.amisdelaterre.org/IMG/pdf/RAPPORT_OP_BDEF_2_. pdf

que ceux des pays pauvres [1]. Si l'ensemble de la population mondiale consommait autant de ressources naturelles que les Européens, son empreinte écologique serait trois fois supérieure à ce que la planète peut supporter.

L'Union européenne, acteur majeur de cette course sans fin aux ressources

L'Union européenne est un fervent soutien de l'économie verte. Elle est aussi en première ligne dans la course à la captation des matières premières. Avec trois tonnes de matières premières importées par an et par habitant, l'Europe est le continent qui dépend le plus des marchés internationaux pour s'approvisionner. Ainsi, les pays de l'UE importent 23 % des matières premières échangées au niveau mondial. Leur degré de dépendance vis-à-vis des minéraux va de 48 % pour le minerai de cuivre à 64 % pour la bauxite et jusqu'à 100 % pour le cobalt, le platine, le titane et le vanadium. Cette dépendance n'est pas nouvelle. Eduardo Galeano, dans *Les veines ouvertes de l'Amérique Latine* [2], raconte l'histoire implacable du pillage des ressources naturelles et humaines d'un continent pendant presque cinq siècles. Il montre que l'approvisionnement en matières premières des pays européens a toujours dépendu pour une bonne part des pays du Sud. Des mines d'or et d'argent de Guanajuato, Zacatecas ou Potosi au Mexique et en Bolivie, à l'uranium du Niger, au cuivre de Zambie ou au cacao de Côte d'Ivoire, l'objectif est resté le même au cours des siècles : fournir aux pays

1. *Overconsumption? Our use of the word's natural resources*, Friends of the Earth Europe, 2009.

2. E. Galleano, 2001, *Les veines ouvertes de l'Amérique Latine*, Paris, Plon, Terres Humaines.

européens, au meilleur prix, les matières premières nécessaires à leur modèle de production et de consommation.

En même temps, l'Union européenne est une des promoteurs de l'économie verte. Est-ce à dire que ses politiques permettent de « réduire significativement la pénurie des ressources », objectif de l'économie verte énoncé par le PNUE ? D'une manière générale, les pays les plus puissants, États-Unis, Union européenne et Chine en tête, essaient de « sécuriser l'accès aux ressources et d'assurer leur approvisionnement », selon les termes généralement employés. Politiques commerciales ou d'investissement agressives, pressions diplomatiques, interventions militaires ou encore financement de guerres civiles comme au Congo, les méthodes utilisées par les grandes puissances de la planète pour s'approprier les ressources semblent sans limite. C'est à une véritable compétition favorisant le moins-disant social et environnemental que se livrent l'Europe, la Chine, les États-Unis et leurs multinationales respectives. La plupart du temps au détriment des populations locales directement exposées à l'extraction de ces ressources naturelles.

L'Union européenne est particulièrement active. Elle a adopté en 2008 une stratégie nommée « Initiative sur les matières premières » (*Raw Materials Initiative*) qui prévoit une panoplie de pressions politiques et d'outils commerciaux visant à supprimer toutes les mesures qui entravent ou limitent l'accès des entreprises européennes à ces ressources. Ainsi, pour promouvoir sa stratégie de sécurisation de l'accès aux matières premières et dépasser les blocages rencontrés au sein des négociations multilatérales de l'OMC, l'Union européenne a recours à la négociation d'accords de libre-échange[1] (ALE) et de partenariats[2] économiques (APE) avec différents pays en développement. À travers ces accords bilatéraux, elle exige que les pays s'engagent à abandonner ou à limiter drastiquement toute mesure de restriction aux exportations. La Commission européenne, nouvellement en charge depuis le Traité de Lisbonne de cette nouvelle compétence, s'est également donné pour objectif d'obtenir une libéralisation totale des investissements tout en exigeant une sécurité juridique et une protection maximale pour ses investisseurs. Elle reprend là les exigences de Business Europe, le principal lobby des industries européennes. À travers l'intégration de clauses sur les investissements au sein des accords de libre-échange ou la négociation de traités bilatéraux d'investissement (TBI), elle impose aux pays en développement que ses investisseurs puissent bénéficier d'un traitement national. Ainsi, les investisseurs étrangers se voient garantir les mêmes droits et avantages que les investisseurs locaux et régionaux. Ils obtiennent la protection de leurs investissements[3] et la libre circulation des flux de capitaux qui permet à ces investisseurs de les rapatrier sans contrainte.

1. Avec des pays et groupes de pays tels que la Corée du Sud, l'Inde, l'Amérique Centrale, les pays andins, le Mercosur, l'ASEAN, l'Euromed, la Libye, l'Ukraine, le Canada...

2. Avec les pays les plus pauvres comme ceux du groupe ACP (Afrique, Caraïbes, Pacifique).

3. Cette clause instaure des garanties minimales pour le traitement des investisseurs étrangers et elle est généralement associée à un mécanisme d'arbitrage investisseur-État permettant aux investisseurs étrangers de porter plainte auprès d'un tribunal d'arbitrage si un État venait à prendre une mesure remettant en cause les avantages accordés à l'investisseur.

L'Union européenne préconise donc de déréglementer et de libéraliser les marchés des matières premières et les investissements dans ce secteur, sans tenir compte des conséquences sociales, écologiques et démocratiques dans les pays d'origine. Elle entrave toute velléité que pourraient avoir certains pays du Sud de mettre en œuvre des politiques environnementales plus restrictives afin de faire face aux conséquences, souvent désastreuses, de l'exploitation des ressources naturelles pour les populations locales et leur environnement. Pour les pays du Sud, déréglementer et libéraliser les marchés des matières premières fait courir le risque d'accroître la dépendance à l'exportation de matières premières, de réduire et perdre le contrôle des finances publiques, d'entraver le développement d'activités profitables aux populations locales et d'empêcher des mesures de protection des ressources. Cela revient à considérer ces pays comme de simples pourvoyeurs de matières premières, sans tenir compte de leurs intérêts et de ceux de leurs populations. La satisfaction des entreprises européennes et de la surconsommation dans les pays du Nord prime sur le reste. La mainmise des investisseurs étrangers sur les ressources des pays du Sud en est renforcée, et ce d'autant plus qu'ils bénéficient généralement d'une taille et d'un pouvoir de négociation importants. En agissant de la sorte, l'Union européenne sape tout idéal démocratique et toute capacité d'autodétermination des populations disposant de ressources naturelles. Elle fait perdurer une forme de malédiction des matières premières, source de conflits, de guerres et de destructions, malédiction qui n'a pourtant rien d'inéluctable.

Prises globalement, ces logiques extractivistes se perçoivent très clairement dans les bilans économiques de nombreux pays, engagés dans des processus dits de « reprimarisation » : la part de l'extraction des matières premières dans la valeur ajoutée ou dans la balance commerciale, après avoir baissé, prend une importance considérable. Jusqu'ici, on considérait que plus les économies des pays se développaient, plus la part des produits primaires diminuait, grâce à une complexification de la production. Or, au Canada, l'exploitation des sables bitumineux participe à la « décomplexification » de la production [1] : l'investissement dans les sables bitumineux centre l'économie canadienne sur l'extraction de matières premières. De même, au Brésil, puissance industrielle émergente, les matières premières représentent la moitié de ses exportations. L'idée selon laquelle l'économie verte pourrait résoudre les défis posés aux modèles de production et de consommation actuels par cette raréfaction généralisée des ressources paraît donc peu probable.

Conclusion

Chercher à saisir la nature de cette économie verte n'est pas une démarche abstraite. Si elle mobilise des apprentis sorciers en quête de grands frissons pour manipuler la Terre, la reconstruire, lui donner un autre *design*, elle n'est pas de la science-fiction. Elle est d'ores et déjà une réalité concrète à laquelle s'affrontent des peuples, des communautés

1. http://www.levyinstitute.org/pubs/wp_616.pdf

indigènes, des paysans, des citoyens, expropriés et privés de leurs milieux de vie et de travail. Malgré les confusions qu'elle autorise, elle a peu à voir avec la transition que nous souhaitons et dont nous allons maintenant donner quelques axes.

CHAPITRE 4

Vers des sociétés du bien-vivre, du *buen-vivir*

Notre propos est de saisir les lignes de fond qui émergent du foisonnement des résistances à la captation de la nature et des milieux de vie et de travail par un capitalisme qui, du fond de sa crise, poursuit son processus d'expropriation et se nourrit des catastrophes sociales et environnementales qu'il engendre. Les résistances que nous privilégions ici sont celles qui mêlent des luttes sociales et environnementales, qui dessinent la possibilité d'un autre paradigme et s'inscrivent dans une transition vers des sociétés justes et soutenables. L'accélération de la crise écologique, la crise énergétique et les tensions sur les ressources, les crises alimentaires, la multiplication des catastrophes dont celle de Fukushima, l'explosion des inégalités et la relégation de peuples entiers au statut de survivants, la crise de société qui traverse les pays développés, la crise du travail, font état d'une crise de civilisation. Crise de la civilisation occidentale, crise de la civilisation industrielle, crise du capitalisme et du productivisme, crise du néolibéralisme, crise de la démocratie, s'emboîtent désormais dans un processus qui atteint, de manière différente, toutes les sociétés.

Adieu à la croissance [1]

Le modèle dominant et ses promesses ont perdu leur légitimité et ne peuvent se poursuivre qu'au prix de dévastations toujours plus profondes. L'ère industrielle et l'industrialisation des sociétés, prolongées aussi bien à l'Ouest qu'à l'Est par un type de production et de consommation gaspilleur, ont longtemps été présentées comme la voie unique à emprunter par tous les pays. Or tout démontre que ce modèle n'est pas généralisable, compte tenu des contraintes environnementales. Il a engendré dans bien des cas un appauvrissement de population, une augmentation des inégalité et une aliénation, le rendant à proprement parler insoutenable. La critique de ce modèle fut pendant longtemps centrée sur ses contradictions internes. Les peuples colonisés ont contesté sa domination, sa capacité à capter à son profit les richesses des pays dominés, dits sous-développés. Le modèle était alors remis en cause comme injuste car il ne pouvait permettre aux pays du tiers-monde d'enclencher un processus de développement et l'accès à la modernité. Aujourd'hui, la critique est plus profonde, c'est la société industrielle elle-même, le productivisme, le développement, et certains aspects de la modernité occidentale qui se trouvent interrogés depuis les pays du Sud, à partir de réflexions théoriques et surtout, peut-être, à partir des résistances et expériences qui s'y mènent. La crise et les nécessités nouvelles pour la poursuite de l'expansion capitaliste rendent visibles des luttes jusque-là souvent ignorées ou considérées comme marginales.

1. Jean Gadrey, *Adieu à la croissance*, Les Petits Matins, Alternatives économiques, Paris, 2010.

La quête du développement a emprunté plusieurs voies. Elle s'est incarnée par la recherche d'autres modèles, qui ont pris des formes variées [1], inspirés par le modèle soviétique parfois, ou bien par des expériences de développement endogène et autocentré, ou bien par des formes libérales et capitalistes, ou bien encore par des formes hybrides. Au-delà de leurs différences, ces modèles reposaient finalement sur la croyance que le développement passait nécessairement par la croissance économique ou par le développement des forces productives ou encore par l'accession au marché mondial. Or, la crise écologique, dans toutes ses dimensions et notamment du fait de la crise climatique et de la crise de la biodiversité, a modifié la donne. Les modèles de développement qui, à l'instar du modèle initial, celui des pays dits développés, associent le progrès à l'impératif de croissance indéfinie des richesses matérielles, se heurtent à des tensions sociales et écologiques violentes. La critique de la croissance économique n'est plus seulement idéologique : elle s'appuie sur des données scientifiques irréfutables qui attestent l'impossibilité de l'universalisation d'un modèle fondé sur l'assimilation du progrès et de l'accumulation matérielle.

Cette critique n'émane plus seulement des pays industriels et ceci est un élément fondamental car, pendant longtemps, un argument essentiel opposé à ces critiques consistait à les renvoyer à un luxe de nantis. à l'oubli des besoins des pauvres. Ce sont aujourd'hui des mouvements sociaux concrets qui, notamment en Amérique latine, s'affrontent aux contradictions du développement, promu par des gouvernements

1. Attac, *Le développement a-t-il un avenir ?*, 2004, *op. cit.*

progressistes, ceux du Venezuela, de Bolivie, d'Équateur ou du Brésil. Ils permettent de mettre en débat public les contradictions qui surviennent lorsque la résolution de la crise sociale reste pensée selon les schémas antérieurs de la puissance, de la croissance et du développement. Ainsi émerge une critique du « développementisme », qui rejoint celles, plus anciennes, ayant vu le jour en Inde ou en Afrique. Les mouvements les plus significatifs sont ceux qui s'opposent à la poussée de l'extraction des ressources naturelles, à la culture des agrocarburants, aux OGM, au piratage de la biodiversité, à la transformation des sols et des forêts en pourvoyeurs des crédits de carbone, à la réduction de l'eau à une ressource économique, à l'urbanisation délirante et à l'accaparement des terres. Ces mouvements expriment clairement leur refus de l'économie verte, celle que nous avons analysée dans les chapitres précédents.

Vivre avec la nature

L'irruption des mouvements paysans dans les résistances mondiales, leur refus de l'agriculture productiviste et les alternatives qu'ils mettent en œuvre, ont montré que la guerre contre la nature, au nom des rendements et de l'efficacité, conduisait à une double impasse, écologique et sociale, sans pour autant assurer la base de l'alimentation pour les peuples du monde. De même, la multiplication des catastrophes industrielles, AZF en France, Bhopal en Inde, Arlit au Niger, les marées noires, pour ne citer que quelques exemples les plus spectaculaires, ont montré les ravages du productivisme industriel et de la course au profit. La précarité du travail, sa réduction à un moyen économique, ont vidé cette activité de son sens profond et de sa capacité à faire société. Les catastrophes nucléaires, celle de Three Miles Island en 1979, celle de Tchernobyl en 1986, et plus récemment celle de Fukushima, l'incapacité à gérer les déchets accumulés, ont dévoilé au monde entier l'illusion de la maîtrise rationnelle du monde et l'incapacité de maîtriser les conséquences de nos fabrications. Enfin, les effets de la crise écologique, changement climatique, crise de la biodiversité, frappent directement de nombreuses sociétés du Sud et les peuples et communautés qui dépendent de l'équilibre des écosystèmes pour assurer leurs ressources. La guerre contre la nature et la guerre sociale cheminent ensemble.

Lors du Forum social mondial de Belem (2009), la forte présence de représentants de peuples indigènes des régions amazoniennes et andines d'Amérique du Sud fut l'occasion de mettre en débat l'idée d'une crise de civilisation, à partir des rapports que la société entretiennent avec la nature. Dans la tradition occidentale, la civilisation s'est construite en opposition à la nature. L'émancipation et le progrès ont été pensés avec l'injonction du détachement, de l'éloignement de la nature, avec l'illusion d'une maîtrise absolue des lois naturelles. Le capitalisme a campé sur cet imaginaire, faisant de la nature et de ses éléments – l'eau, la terre, le génome humain, les cultures ancestrales, la biodiversité, la justice, l'éthique, les droits des peuples, et la vie elle-même – de simples marchandises. La perspective portée par les organisations indigènes est d'introduire les notions d'interdépendance entre l'humanité et les écosystèmes, de reconnaître l'existence de cycles naturels qui ne peuvent être rompus, de repenser le progrès et la richesse.

Le décentrage de la pensée que propose ce passage par les cosmogonies et représentations des peuples autochtones a pour principal intérêt de nous faire sortir de nos frontières géographiques et intellectuelles, de nous ouvrir à d'autres registres de pensée. Au-delà des particularismes, prendre appui sur des pensées extérieures, s'ouvrir à d'autres formes de solidarité internationale, est fécond pour enrichir les réflexions des expériences vécues, notamment par des populations considérées comme exclues et marginalisées et pour les traduire en langage universel. La construction de sociétés soutenables, capables de faire face aux défis majeurs des crises actuelles, assurant la justice sociale et environnementale, passe par ce décentrage. Multidimensionnelle, la crise systémique que nous traversons appelle un changement de paradigme civilisationnel. Assurer la continuité de la vie humaine et sa dignité sans sacrifier les processus démocratiques, la justice et la liberté, conduit à questionner la modernité et son bagage techno-scientifique, son obsession de la maîtrise, en même temps que le capitalisme et son mouvement permanent d'expropriation de la nature et du travail. Définir un nouveau rapport à la nature, c'est en même temps définir de nouveaux rapports sociaux, tant la domination et l'exploitation de la nature se sont accompagnées de celles des humains. C'est aussi remettre en cause et déconstruire l'imaginaire extractiviste [1].

1. « Déconstruire l'imaginaire extractiviste », entretien avec Maristella Svampa, http://alter-echos.org/extractivisme-ressources-naturelles/deconstruire-l% E2% 80% 99imaginaire-extractiviste-entretien-avec-maristella-svampa/

Pour la reconnaissance de droits de la Terre ?

Les populations autochtones, notamment amérindiennes, ont fait de la « Terre-Mère » la référence pour penser l'articulation des activités humaines et des écosystèmes dans lesquelles elles se déploient. Quoi que nous pensions de cette référence, pour certains en partie mystique, ou bien particulariste et étrangère à nos représentations, le concept de Terre-Mère fait écho à la nécessité de repenser les rapports entre les êtres humains et le reste du monde naturel. Là où nous séparons en deux entités clairement distinctes et opposées la société et la nature, ces cosmogonies excluent cette dualité. L'environnement n'est pas seulement une entité biologique ou physique, mais un espace social. Les individus n'y sont pas isolés, mais parties prenantes de communautés sociales et écologiques, elles-mêmes reliées à leur environnement et à leur territoire. La Terre-Mère, les communautés et les humains qui les composent partagent des liens de réciprocité, complémentarité et interdépendance qui rendent les notions de contrôle et de domination de la nature totalement inappropriées. L'anthropocentrisme des philosophies modernes est donc questionné en son cœur. En effet, la nature n'est pas valorisée en fonction de son utilité pour les êtres humains mais par ses qualités intrinsèques.

Cette approche s'est traduite par l'inscription dans la Constitution équatorienne des droits de la Terre. Nous n'ignorons en rien les contradictions qu'affronte ce gouvernement, comme celui de la Bolivie, ni les difficultés à mettre en œuvre de nouveaux paradigmes dans le contexte économique et politique mondial, ni les pressions qu'ils subissent de la part des entreprises transnationales pour exploiter leurs ressources, quelles qu'en soient les conséquences écologiques. Il n'en reste pas moins qu'une telle approche permet aujourd'hui à des groupes écologistes de la planète d'attaquer la firme British Petroleum devant la Cour constitutionnelle équatorienne, suite à la marée noire dans le Golfe du Mexique. Non pour les dommages causés aux humains, qui peuvent faire l'objet d'autres juridictions, mais pour ceux causés à la nature. En reconnaissant que la nature « a droit à ce que soient pleinement respectés son existence, ainsi que le maintien et la régénération de ses cycles vitaux, sa structure, ses fonctions et ses processus évolutifs », la Constitution équatorienne est aujourd'hui devenue un instrument de résistance contre les agissements des multinationales, et aussi du gouvernement équatorien, dès lors qu'il ne respecte pas ces dispositions. Pour Eduardo Gudynas, sociologue uruguayen, l'un des intérêts de la Constitution équatorienne est de « juxtaposer deux systèmes de droit », à savoir « l'ensemble des droits des citoyens qui inclut la qualité de l'environnement et l'innovation que représentent les droits de la nature [1] ». À supposer que nous devions discuter d'une sixième République en France, ces sujets devront nécessairement faire partie des éléments du débat. Ils devraient aussi être à l'agenda des Nations unies pour le sommet de la Terre de Rio 2012, comme le demande la Bolivie.

La reconnaissance de ces droits peut être vue comme la possibilité de passer du vivre mieux et du toujours plus, au *buen-vivir*, au vivre-bien. La bonne vie louée par Aristote nous est moins étrangère : elle était fondée sur

1. Eduardo Gudynas, « Développement, droits de la Nature et Bien-vivre : l'expérience équatorienne », *Mouvements*, 2011/4, n° 68.

la condamnation de la chrématistique, de la quête de la richesse pour la richesse. Au lieu d'un progrès corrélé à l'augmentation de la richesse matérielle et à la consommation de biens, les populations indigènes andines proposent de retrouver le *buen-vivir*. Il s'agit de «réapprendre à bien s'alimenter, à savoir communiquer, partager, travailler, se soigner, mais aussi danser, dormir et respirer[1]», en mettant au centre les conditions de reproduction de la vie dans toutes ses dimensions.

Après l'échec du sommet de Copenhague, le sommet des peuples réuni à Cochabamba en avril 2010, suite à l'invitation du gouvernement bolivien, a permis de confronter ces approches dans une perspective internationale. Cette démarche illustre la volonté de repenser l'universalisme, non plus à partir de principes uniques et abstraits, mais à partir de la diversité de cultures. Plus de 30 000 personnes, incluant des représentants d'États, venues de 140 pays se sont accordées sur une déclaration[2] qui propose de fonder un nouveau système sur «l'harmonie et l'équilibre entre tou(te)s et avec tout, la complémentarité, la solidarité et l'égalité, le bien-être collectif et la satisfaction des besoins fondamentaux de tou(te)s, le respect des droits de la Terre-Mère, la reconnaissance de l'être humain pour ce qu'il est et non pour ce qu'il possède, l'élimination de toute forme de colonialisme, d'impérialisme et d'interventionnisme, la paix entre les peuples et avec la nature». À cet effet, la déclaration de Cochabamba

1. Le *buen-vivir* pour parer à la crise, http://alter-echos.org/forums-sociaux/asuncion-le-bien-vivre-pour-parer-a-la-crise/

2. http://climatjustice.files.wordpress.com/2010/04/accorddes-peuples_cochabamba-vfin. pdf

propose de consigner de nouveaux droits dans une nouvelle déclaration universelle :

« Le Droit de vivre et d'exister ; le Droit d'être respecté ; le Droit (pour la nature) de poursuivre ses cycles et processus vitaux libre de toute dégradation humaine ; le Droit de conserver son identité et son intégrité comme êtres différenciés, autorégulés et interdépendants ; le Droit à l'eau comme source de vie ; le Droit à l'air libre ; le Droit à une bonne santé ; le Droit d'être libérée de la contamination et de la pollution, des déchets toxiques et radioactifs ; le Droit de ne pas être modifié génétiquement dans sa structure, et d'être menacé dans son intégrité ou son système vital et sa santé ; le Droit à une réparation pleine et prompte pour les violations des droits reconnus dans cette Déclaration et causés par les activités humaines ».

Nous avons là des ébauches d'une nouvelle génération de droits qui devraient être mis en débat, dans le cadre des Nations unies. Ces droits ne seraient dictés par aucune puissance surnaturelle ; ils seraient l'œuvre des communautés humaines, conscientes qu'elles ont des devoirs à respecter vis-à-vis de la nature.

La réappropriation des communs et l'auto-organisation

Nous avons vu comment la gestion durable de la nature ou encore l'économie verte sont généralement envisagées sous l'angle de la propriété privée, avec l'inclusion de la nature dans l'économie marchande, avec son artificialisation grâce à la technique, autant d'éléments censés apporter des réponses rationnelles et efficientes à la gestion des ressources. À cela, nous opposons la réappropriation des communs, confisqués par le capitalisme depuis son origine, aussi bien dans sa forme libérale qu'étatique, spoliés de manière systématique dans le capitalisme néolibéral.

Toutes les sociétés ont inventé des modalités de gestion commune des ressources avec le souci de la préservation, du partage, du renouvellement : ce sont les « communs ». Avec le capitalisme, ces communs ont été réduits au profit de la propriété privée. Durant le XXe siècle, le thème des communs avait quasiment disparu de la réflexion : la propriété était envisagée comme propriété-appropriation, soit sous l'angle de la propriété privée, soit sous celui de la propriété étatique. Les biens étaient privés ou publics, public pris ici au sens de gérés par l'État.

Le thème des communs apparaît à nouveau à la fin des années 1960, mais, nous l'avons vu, sous la forme de *La tragédie des communs* (G. Hardin). Dans cette perspective, la mise en place de droits de propriété sur les communs, la dépossession des communautés locales, l'extension de la sphère marchande, la fuite en avant technologique seraient la garantie de la préservation des ressources. Le nouveau processus de privatisation des communs a été largement engagé à partir des années 1970.

L'accélération de la dégradation des écosystèmes est un démenti de cette théorie. L'épuisement des sols ou des ressources en eau, celui des ressources halieutiques et plus globalement des ressources non renouvelables ne tiennent pas à une tragédie des communs. Les sols qui restent fertiles ou les eaux qui restent poissonneuses sont le plus souvent ceux qui ont échappé à l'exploitation forcenée de l'agro-industrie et à l'expropriation. Les travaux théoriques d'Elinor Ostrom montrent comment les communs, c'est-à-dire la gestion des ressources par des communautés d'usagers, permettent à la fois l'accès aux ressources et leur préservation.

Cette question, largement oubliée, surgit à nouveau dans le débat public dans les années 1980, à partir de mouvements sociaux qui tentent de s'opposer à la marchandisation des communs, sans pour autant s'inscrire dans une revendication de gestion étatique. Elle concerne les domaines des ressources naturelles, mais aussi des savoirs, de la culture, de l'information. De nombreuses expériences initiées par des mouvements sociaux montrent que la gestion commune permet la reconstitution de la ressource, que la propriété privée avait amputée ou détruite. Les biens communs sont des dons de la nature ou des biens produits, entretenus, partagés entre des usagers regroupés dans une « communauté » qui se donne des règles collectives et dont la taille et la nature peuvent varier. Ils supposent l'engagement des citoyens et la définition des règles d'usage. Ces communautés, tout en étant autonomes, ne sont pas indépendantes de la société globale. Il va sans dire que les communs dépendent aussi des États. La préservation des communs globaux, de l'atmosphère, des océans, de la biodoversité ne peut être envisageable sans accords intergouvernementaux qui s'appliquent aussi à ces communautés. C'est pourquoi les Nations unies devraient être le lieu irremplaçable pour la reconnaissance des communs et leur traduction en termes de droits inaliénables : droits sociaux, droits d'accès aux éléments fondamentaux de la vie, droits d'usage des communautés de base sur les ressources.

Penser et construire une alternative ne peut se limiter à la déconstruction du modèle et de l'imaginaire dominants. Encore faut-il expérimenter, mettre en pratique et rendre visibles les préconisations alternatives. Dans une perspective de transformation radicale de la société dans laquelle nous vivons, il s'agit de dépasser l'opposition traditionnelle entre la prise du pouvoir et l'auto-organisation. Ce dépassement est possible en faisant des inventions sociales et citoyennes concrètes la base du renouvellement des régulations publiques, à la fois nationales et internationales. Si les solutions marchandes sont une impasse, les solutions bureaucratiques construites sans les populations le sont aussi. Inventer des formes qui ne relèvent ni de la propriété privée ni de la propriété publique, qui misent sur l'auto-organisation citoyenne, c'est redonner leurs chances aux processus démocratiques et envisager une prise du pouvoir des populations sur leur vie.

Partout sur la planète se développent de nombreuses expériences alternatives concrètes qui pourraient être les graines de nouvelles utopies. Elles donnent à voir le monde de demain. Elles permettent de regagner des marges d'autonomie par rapport au modèle actuel tout en construisant les prémices de son dépassement.

Toutefois, la multiplication de ces alternatives concrètes, aussi essentielles soient-elles, ne pourra modifier profondément le système dominant qu'à la condition de s'inscrire dans des mesures globales visant à définanciariser et démarchandiser la planète. Les perspectives annoncées dans le cadre de Rio + 20 et après montrent qu'il est impératif et urgent de recréer des institutions politiques internationales autonomes vis-à-vis des lobbies économiques et financiers et des lobbies techno-scientifiques. Nombre de questions difficiles seront à résoudre. Quelles sont les échelles pertinentes pour les décisions ? Quelle cohérence entre les différents niveaux de régulation ? Quelles articulations avec des processus décentralisés d'expérimentations ? Autant de questions qui ne pourront trouver des réponses que chemin faisant mais qui sont absentes dans un monde qui a confié son destin aux marchés et aux entreprises transnationales.

Conclusion

À l'heure de la crise des dettes financières, le temps est venu de reconnaître la dette sociale et la dette écologique. Ces dettes expriment chacune des liens particuliers entre les humains et avec la nature, des manières de vivre et de faire société ; elles sont irréductibles à la dette économique et financière. La tentative de les convertir en titres monétaires et financiers constitue une menace pour les sociétés et pour la planète.

La dette sociale actualise la solidarité entre les humains, l'exigence d'une justice sociale, d'une responsabilité partagée, sans lesquelles l'idée de société et celle de monde commun perdent leur sens. La dette écologique exprime, d'une part, un devoir de justice vis-à-vis des peuples dont les ressources ont été pillées et, d'autre part, une exigence de coopération entre la nature et les sociétés et le devoir de préserver le tissu de la vie et son renouvellement. L'idée de dette, entendue comme socle de l'organisation des sociétés et de leur lien à la nature, est une notion symbolique et politique. Elle s'oppose à l'imaginaire libéral et au productivisme, selon lesquels s'affranchir de toute dette, en la niant ou en la remboursant, être maître chez soi et « ne rien devoir à personne », constituent la « liberté » suprême et la possibilité de remplacer les liens sociaux que la dette implique, par l'accumulation privée de biens et de titres financiers.

Cette « liberté »-là, poussée à son paroxysme avec les politiques néolibérales, a été au principe de la destruction des systèmes de solidarité sociale qui concrétisent, dans les sociétés modernes, la reconnaissance d'une dette collective, non contractuelle. Par exemple, les systèmes de retraite par répartition, au-delà des revenus qu'ils assurent et de la justice sociale qu'ils incarnent, expriment une solidarité entre les générations. Cette dette ne s'éteint pas, elle est transmise entre les générations, elle inscrit les individus dans une histoire en liant le passé, le présent et l'avenir. La transformation de cette dette, fondatrice et garante de la solidarité, en dette privée et contractuelle a été au principe de la privatisation des systèmes de protection sociale et de leur financiarisation. Santé, éducation, retraite sont ainsi transformées en capital éducation, capital santé, capital retraite, à gérer par les individus et les fonds financiers. La dette sociale est ainsi convertie en dettes monétaires et financières, seules dettes légitimes dans le monde du libéralisme économique.

La dette écologique est d'autant moins reconnue que la nature n'est pourvue d'aucun droit, qu'elle est seulement là pour servir l'accomplissement des desseins économiques, pour s'accorder au temps et aux cycles économiques et financiers, qui s'accélèrent de manière vertigineuse. Mais les ressources non renouvelables s'épuisent et la compétition pour en sécuriser l'accès aux puissances industrielles et aux multinationales s'aiguise. Les pollutions se généralisent et s'amplifient, la biodiversité disparaît. La crise énergétique, couplée à la crise climatique, se traduit, en l'absence de choix alternatifs, par la nécessité de mettre à contribution l'ensemble de la biomasse pour produire l'énergie. La dette écologique, dont la reconnaissance supposerait un abandon du productivisme, est niée, pendant que les emprunts à la nature provoquent des dégâts écologiques et sociaux souvent irréversibles. Au programme des oligarchies, il n'est question que de transformer la nature en capital technique, de marchandiser et financiariser ses «services», c'est-à-dire de transformer la dette écologique en équivalent technique et monétaire et en titres financiers. L'économie verte est à ce titre autre chose que le changement de couleur du capitalisme, elle est une extension du capital par la capture des cycles de reproduction de la nature, une dépossession de la base naturelle des sociétés.

Dé-marchandiser la dette sociale et la dette écologique, les dé-financiariser, se réapproprier les communs, constituent une condition première pour assurer la durabilité des sociétés et de la planète, permettre la justice sociale et récupérer la liberté et la capacité d'autonomie. À partir de là pourrait s'ouvrir un moment de libération de l'imaginaire social et politique et de réenchantement du monde. Pour le réinventer.

ANNEXE

Sur la valeur économique des services rendus par la nature

À partir d'un texte de Jean-Marie Harribey

La crise systémique actuelle porte à un point encore plus élevé les contradictions qu'avait déjà repérées André Gorz lors de la crise précédente de la fin des années 1960 et du début des années 1970 : « Nous avons affaire à une crise classique de suraccumulation compliquée par une crise de reproduction due, en dernière analyse, à la raréfaction des ressources naturelles [1]. » Il s'agit donc d'une crise de la production et de la réalisation de valeur pour le capital, dont les conséquences dramatiques vont au-delà de ce à quoi le capitalisme nous avait habitués puisque les conditions de survie de l'humanité sont aujourd'hui en cause. Pour tenter de sortir de cette impasse, le capitalisme cherche à « valoriser » le vivant et la nature, entendons à « valoriser le capital utilisant le vivant et la nature ».

Dans toutes les instances internationales s'est développé un discours sur la « valeur de la nature », par exemple, lors de la Conférence des parties sur la biodiversité qui s'est tenue

1. A. Gorz, *Écologie et politique*, Paris, Seuil, 1978, p. 29-35.

à Nagoya en octobre 2010. Et, dans le rapport de l'Union européenne de 2008, dirigé par Pavan Sukhdev, la notion clé est également celle de la « valeur des services rendus par les écosystèmes [1] ». La préface de ce rapport débute ainsi : « Tout ce qui est très utile (l'eau, par exemple) n'a pas nécessairement une valeur élevée et tout ce qui a beaucoup de valeur (par exemple, un diamant) n'est pas forcément très utile. Cet exemple illustre non pas un mais deux importants défis d'apprentissage auxquels la société est aujourd'hui confrontée. Tout d'abord, nous en sommes encore à apprendre la "nature de la valeur", à mesure que nous élargissons notre concept de "capital" pour englober le capital humain, le capital social et le capital naturel. En reconnaissant l'existence de ces autres formes de capital et en cherchant à les accroître ou les préserver, nous nous rapprochons de la durabilité. Par ailleurs, nous nous efforçons toujours de découvrir la "valeur de la nature". La nature est une source de valeur importante au quotidien mais il n'en demeure pas moins qu'elle n'apparaît guère sur les marchés, échappe à la tarification et représente un défi pour ce qui est de l'évaluation. Nous sommes en train de nous apercevoir que cette absence d'évaluation constitue une cause sous-jacente de

1. Cette notion fut inaugurée par une étude de R. Costanza (et al.), « The Value of the World's Ecosystem Services and Natural Capital », *Nature*, vol. 387, n° 6630, 15 mai 1997, p. 253-260. Elle est répliquée inlassablement depuis : ainsi, É. Laurent (*Social-écologie*, Paris, Flammarion, 2011, p. 72) écrit qu'au sein de la richesse des nations, le capital naturel représente « 44 trillions de dollars » au titre de « la valeur commerciale des terres cultivées, des forêts, des minéraux et de l'énergie du monde ».

la dégradation observée des écosystèmes et de la perte de biodiversité [1].»

Cette démarche croit possible d'additionner des éléments dont la mesure résulte de la prise en compte des coûts de la production réalisée par l'homme et des éléments qui ne sont pas produits et qui, en outre, relèvent du qualitatif ou de valeurs éthiques *non évaluables.* Ce parti pris conceptuel a une portée catastrophique : si tout peut être *économiquement évalué,* alors tout peut être considéré comme du capital. Ainsi, les économistes libéraux néoclassiques considèrent que le capital économique, le capital humain, le capital social et le capital naturel sont additionnables puisqu'ils relèvent d'une procédure de calcul analogue.

On voit le tour de passe-passe qui se déroule en plusieurs phases. *Primo,* on décrète que tout est réductible à de l'économique parce que la monnaie est, dit-on, capable d'homogénéiser les biens et les bienfaits. *Deuzio,* on assimile une mesure (contestable) de la valeur d'un stock au flux de «services rendus par les écosystèmes». *Tertio,* on affirme que, puisque l'on connaît désormais la «valeur des services rendus par les écosystèmes», on peut mieux les protéger puisqu'on mesure la «valeur de la nature». La commission Stigliz-Sen-Fitoussi avait utilisé la même rhétorique pour avaliser le nouvel indicateur phare de la Banque mondiale, l'épargne nette ajustée, et accréditer l'idée qu'on disposait

1. «L'économie des écosystèmes et de la biodiversité», 2008, http://ec.europa.eu/environment/nature/biodiversity/economics/pdf/teeb_report_fr. pdf, p. 4. Le fameux paradoxe de l'eau et du diamant, posé par Adam Smith, avait été autrement résolu par lui : à son époque, il n'y avait que très peu de travail à accomplir pour obtenir de l'eau, au contraire du diamant.

ainsi d'une nouvelle mesure du progrès et du bien-être, plus élaborée que le fruste PIB.[1]

Cette approche conduit tout droit aux politiques de marchandisation de la nature et elle enlève une grande partie de leur pertinence aux critiques qui ne rompent pas radicalement avec la croyance que l'on peut rendre commensurables des choses qui appartiennent à des registres différents. L'impact des dégâts occasionnés aux écosystèmes ou bien celui du changement climatique ne peuvent être estimés à l'aune du calcul économique traditionnel dont la procédure usuelle de l'actualisation est irrémédiablement cantonnée à un horizon étroit et probabilisable.

Un exemple récent permet d'illustrer la discussion théorique précédente. Un article du *Monde* du 20 avril 2011 portant sur « Le coût de la disparition des chauves-souris américaines se chiffre en milliards de dollars », rapportait une étude scientifique parue le 1er avril dans *Science* : une maladie due à un champignon décime les chauves-souris nord-américaines, au point de menacer sérieusement la capacité de cette espèce à jouer un rôle d'insecticide et de pollinisateur. Les conséquences économiques ont été évaluées : par l'action de ces chauves-souris, 22,9 milliards de dollars d'insecticides chimiques seraient économisés par

1. Commission Stiglitz-Sen-Fitoussi, *Performances économiques et progrès social, Richesse des nations et bien-être des individus* et *Performances économiques et progrès social, Vers de nouveaux systèmes de mesure*, deux volumes, Paris, O. Jacob, 2009. Voir Jean-Marie Harribey, « Richesse : de la mesure à la démesure, examen critique du rapport Stiglitz », *Revue du MAUSS*, n° 35, 1er semestre 2010, p. 63-82, http://harribey.u-bordeaux4.fr/travaux/valeur/stiglitz.pdf

an, sans compter les effets sur la santé et l'environnement. Aussitôt, la tentation est grande de déduire de la valeur économique des dégâts évités, celle des auteurs de l'évitement, en l'occurrence ici la valeur des chauves-souris ou la valeur des services économiques rendus par ces petites bêtes. Être tenté ne signifie pas nécessairement succomber. Mais la pente est suffisamment glissante pour esquisser l'idée que ces 22,9 milliards de dollars représenteraient la valeur des chauves-souris dans les fonctions qu'elles remplissent pour l'économie, ce qui serait un bon argument pour les protéger.

Mais c'est une voie sans issue. Les chauves-souris, les biens naturels, la nature elle-même, pas plus que le lait maternel, n'ont de valeur économique intrinsèque. Cette notion a été inventée au milieu du XXe siècle par les économistes néoclassiques quand ils ont soudain fait mine de se soucier d'environnement. Or, la « valeur » de la nature appartient à un autre registre que l'économie. Derrière l'exemple des chauves-souris, ressurgissent donc 1) l'impossibilité de rendre commensurables l'utilité de la chauve-souris et la valeur marchande des insecticides évités, 2) la vacuité de la notion de valeur économique intrinsèque de la nature, et 3) au contraire la nécessité de maintenir la distinction irréductible entre la valeur d'usage des choses et la valeur d'échange. *A fortiori,* la « valeur » des êtres vivants ne peut être réduite à un quantum de monnaie.

De plus, à supposer que l'idée de mesurer la valeur des chauves-souris par les sommes économisées annuellement ait un sens, elle comporte une confusion entre stock et flux, entre patrimoine et revenu : s'il était vrai que les 22,9 milliards représentaient les services annuels rendus par les chauves-souris, cela ne pourrait pas correspondre à la valeur d'un patrimoine, d'une richesse qui ne s'éteint pas après une année.

Des chauves-souris, on passe à la biodiversité dans son ensemble. Là encore, les études abondent[1] pour dire que, autre exemple, les abeilles contribuent pour 153 milliards de dollars à la production agricole mondiale annuelle (190 milliards pour tous les insectes pollinisateurs), non pas par la valeur de leur miel mais par leur action pollinisatrice. Et il existe même une Banque du capital naturel (Bank of Natural Capital[2]) qui se propose d'« évaluer le non évaluable », au motif qu'« on ne peut pas gérer ce qu'on ne mesure pas », et qu'il faut donc « mettre la nature dans l'équation ».

Sur quelles attitudes pratiques débouchent ces considérations ? Ne peut-on rien mesurer ? Bien sûr que si, mais :

– Les valeurs philosophiques, éthiques et politiques conditionnent nos choix, par exemple nos choix d'organisation de la société et nos choix de production et de consommation, mais ces valeurs ne seront jamais mesurées par des quantificateurs économiques. On ne construira jamais d'indicateur qui mêlera valeur économique et valeurs philosophiques ou éthiques.

1. Notamment le rapport du TEEB (The Economics of Ecosystems and Biodiversity) présenté à la Convention sur la biodiversité de l'ONU à Nagoya en octobre 2010, http://www.teebweb.org/Portals/25/Documents/TEEB%20for%20Business/TEEB%20for%20Bus%20Exec%20French.pdf

2. http://bankofnaturalcapital.com

– Ce qu'on mesure économiquement doit intégrer tous les coûts. Si on y arrive – dans le meilleur des cas – cela ne dira quand même rien du bien-être humain, du temps libre, de la nature et de la culture [1].

1. Pour un approfondissement, voir J.-M. Harribey, « La nature hors de prix », *Ecorev*, n° 38, décembre 2011, p. 36-43, http://harribey.u-bordeaux4.fr/travaux/valeur/nature-hors-prix.pdf; et « La chauve-souris, l'abeille et le toro », http://alternatives-economiques.fr/blogs/harribey/2011/04/28/la-chauve-souris-labeille-et-le- «-toro-»/#more-200

Achevé d'imprimer en mai 2012
par Normandie Roto Impression à Lonrai

Dépôt légal : mai 2012

n° d'impression : 121705

Imprimé en France